KB048958

우리 아이,
어떻게 사랑해야 할까

The Danish Way of Parenting
Copyright © 2016
by Jessica Joelle Alexander and Iben Dissing Sandahl
Korean translation copyright © 2021 by Sangsang Academy

All rights reserved including the right of reproduction in whole or in part in any form.
This edition published by arrangement with TarcherPerigee, an imprint of Penguin Publishing Group, a division of Penguin Random House LLC
This Korean translation published by arrangement with Jessica Joelle Alexander and Iben Sandahl in care of Penguin Random House LCC through Milkwood Agency.

이 책의 한국어판 저작권은 밀크우드에이전시를 통한 TarcherPerigee, Penguin Random House와 독점 계약한 (주)상상아카데미에 있습니다. 저작권법에 의하여 한국 내에서 보호를 받는 저작물이므로 무단전재 및 복제를 금합니다.

우리 아이,
어떻게 사랑해야 할까

The Danish Way of Parenting

제시카 조엘 알렉산더, 이벤 디싱 산달 지음
이은경 옮김

세상에서 가장 행복한 아이로 키우는
덴마크식 자녀 교육

상상아카데미

차례

이 책을 쓰기 위해 연구하고, 자료를 조사하고, 원고로 정리하는 과정은 정말 유쾌한 작업이었다. 사실 이 책은 몹시 단순한 질문에서 출발했다.

'덴마크의 부모와 아이들이 세계에서 가장 행복한 이유가 뭘까?'

'미국인 엄마'와 '덴마크인 심리치료사'인 우리에게 이 질문은 대단히 개인적이면서도 호기심을 불러일으키는 주제였다. 우리는 다양한 연구 결과를 찾아보고, 덴마크에 관한 사실 정보를 확인하고, 여러 분야의 전문가와 인터뷰를 하며 그 해답을 밝혀냈다. 우리는 다양한 사례를 파악하고 의견을 듣기 위해 유럽과 미국의 부모와 전문가로 이루어진 포커스 그룹(특정 주제에 대해 인터뷰하는 참가자들—옮긴이)에게 원고를 보냈다. 이 그룹에는 캘리포니아부터 워싱턴 D.C., 더 나아가 다른 지역에 거주하는 민주당원과 공화당원, 그래놀라 맘(요가 수업에 참석하고 SUV를 모는 엄마를 칭하는 말—옮긴이)과 군인 아빠, 모유수유하는 엄마, 체벌하는 부모, 아이와 많은 시간을 보내며 정서적인 교감을 중시하는 애착형 부모, 엄격하게 훈육하고 간섭하면서 자녀를 혹독하게 키우는 타이거 맘이 포함되어 있었다. 우리는 되도록 다양한 사회적 위치의 부모에게 접근하고자 했다.

우리는 이 모든 참가자의 의견을 비중 있게 반영하여 이 책을 출간했다. 특별한 책이라는 확신은 있었지만 처음에는 이 책이 만들어 가는 놀라운 여정에 함께할 준비가 전혀 되어 있지 않았다. 풀뿌리 운동가부터 환경 운동가까지, 새로운 독자 한 사람 한 사람은 늘 우리를 겸손하게 만들었다.

출간 초기에는 판매량이 매우 저조했지만, 책을 구매한 사람들의 거주 지역을 알고 무척 놀랐다. 뉴질랜드, 남아프리카공화국, 유럽의 다양한 국가들, 베트남, 인도네시아, 호주, 미국 등 예상치 못했던 다양한 지역에서 주문이 들어왔다. 할리우드 영화감독, 덴마크 대사, 대학교수가 이 책을 구입했다. 처음에는 우리가 직접 책을 포장하고 주소를 손수 적어 발송했기 때문에 이 놀라운 사실을 바로 알 수 있었다. 책의 미래가 무척 밝았다. 하지만 우리의 작업 속도는 느리고 더디기만 했고, 믿기지 않을 정도의 성공이 부담으로 다가왔다.

독자들에게서 서서히 후기가 들려왔다. 책에 담긴 우리의 생각을 이해하고 가족에게 그대로 실천하고 있는 부모들이었다. 그들의 피드백은 긍정 그 이상이었다. 감사하다는 인사는 물론이고, 육아에도 요령이 존재한다는 사실에 위안을 받은 부모들이 많았다. 심지어 항상 자신을 짓누르던 의심까지 해결되었다고 전해 왔다. 아이를 키우는 다른 방식이 분명히 존재할 거라고 믿으면서도 '옳은 방법'으로 키워야 한다는 사회적인 기대와 압박에 억눌렸던 것이다.

부모들의 피드백에 따르면 단순히 학업만이 아니라 놀이, 공감, 사회적 기술 등을 강조한 점이 자녀 교육에 의미 있는 도움이 되었다고 한다. 게다가 실제로도 아주 건재한 행복한 사회에서 이러한 교육을 이미 실천하고 있었다는 사실이 덴마크를 잘 모르던 많은 독자를 깜짝 놀라게 했다.

이 책은 대학에서 교재로 활용되기도 했다. 한 교수는 책에 기초한 강의를 개설했는데, 아이를 키우는 다양한 방식에 관심이 많은 학생들로부터 극찬을 받았다는 후기를 들려주었다. 우리는 덴마크식 자녀 교육의 가치에 대한 더 풍부하고 다양한 이야기를 전하기 위해 계속해서 기사를 쓰고 인터뷰를 해왔다. 그 결과는 도미노처럼 나타났다.

사업차 덴마크에 방문했다가 인도로 돌아가는 길에 책을 구입했다는 한 사업가에게서도 인도 전역에 이 책을 소개하고 싶다는 메일을 받았다. 그는 일반 독자뿐 아니라 학교와 소아과, 교사를 위한 교육 훈련 프로그램에도 이 책을 소개하고 싶다고 전하며 '이 책은 그냥 책이 아닙니다. 이건 하나의 움직임입니다. 한 나라를 변화시킬 수 있는 움직임이 될 거라 확신합니다'라고 썼다. 말할 수 없이 기뻤던 기억이 난다.

책을 개정하면서는 대형 출판사에서 출간하게 되었다. 책은 다시 또 새로운 역사를 써 가는 중이다. 책이 걸어온 길은 육아의 과정과 흡사하다. 험난하고 고되면서도 즐겁고 기쁘기 때문이다. 모든 과정 중 무엇보다 가장 보람되고 만족스러웠던 건 독자들의 놀라운 반응이었다. 부모와 조부모, 교사, 교육학자, 부모가 아닌 사람들, 심리학자, 독서모임 회원 등 다양한 독자들에게서 후기가 도착했고, 지금도 입소문을 타고 퍼져나가고 있다.

물론 그들이 모든 방면에서 덴마크 육아법에 동의하는 건 아니겠지만 확실한 건 이 책을 계기로 대화가 시작되었다는 점이다.

이런 아이디어들은 단초가 되어 오늘날의 '덴마크 교육법'으로 성장하는 것을 도왔다. 우리는 이러한 새로운 발상이 씨앗처럼 계속 바람에 실려 날아가 세계 각국의 가정에 더 많은 친절과 공감, 행복을 심어 주길 바란다.

　무엇보다 이 책을 읽는 당신과 당신의 가족들에게도 덴마크의 교육 방식이 더 큰 행복을 가져다주는 도구가 되기를 간절히 바란다.

2016년 2월 코펜하겐에서
제시카 조엘 알렉산더
이벤 디싱 산달

덴마크 사람들은 왜 행복할까?

안데르센의 동화 《인어공주》로 유명한 북유럽의 작은 나라 덴마크는 1973년 이후로 거의 매년 OECD(경제협력개발기구)가 발표하는 세계에서 가장 행복한 사람들이 사는 나라로 선정되어 왔다. 1973년이면 무려 40여 년이 넘는 오랜 시간인데, 곱씹어 보면 정말 엄청난 일이다. 그것만이 아니다. 최근 UN에서 발표한 '세계 행복 보고서'에서도 덴마크 국민의 행복 지수는 매년 상위권을 차지하고 있다(2020년 기준 행복 지수 1위는 핀란드이고 덴마크는 3위, 한국은 50위를 기록했다—옮긴이). 도대체 덴마크 사람들의 행복 비결은 무엇일까?

비결을 알아내기 위해 무수한 기사와 연구를 살폈다. 덴마크, 왜 덴마크일까? 여러 언론에서도 이 사실에 주목했다. 미국 CBS TV 시사 프로그램인 <60분>은 '행복의 추구'라는 주제로 덴마크에 대해 보도했고, 방송인 오프라 윈프리 역시 '덴마크 사람들은 왜 행복할까?'라는 주제로 방송을 진행했지만, 사실 명확한 결론을 내지는 못했다. 덴마크의 사회제도 덕분일까? 덴마크인들이 사는 집이 그 비결일까? 아니면 정부 정책의 영향일까? 높은 세금, 매서운 추위, 긴 겨울이 행복의 비결이 아닌 건 확실할 텐데, 그렇다면 도대체 무엇이 덴마크인을 그토록 행복하게 만드는 걸까?

미국은 독립선언문에 '행복의 추구'라는 조항을 포함한 나라이지만 아이러니하게도 국민이 느끼는 행복 수준은 17위로, 세계 10위 안에도 들지 못한다. 이는 멕시코보다 낮은 순위다 (2020년 유엔 '세계 행복 보고서'에서 미국은 14위를 기록했다—옮긴이). 행복에 몰두하는 수많은 심리학 이론과 행복에 이르는 방법을 가르쳐 주는 넘쳐나는 자기계발서에도 불구하고 많은 이들이 행복을 느끼지 못하며 살아간다. 대체 덴마크 사람들은 어떻게 만족과 행복을 느끼며 살 수 있는 걸까?

우리는 수년 동안 연구를 통해 덴마크인의 행복 비결을 찾아내려 애썼다. 찾고 보니 그 비결은 몹시 단순했는데, 그것은 바로 덴마크의 교육 방식에 있었다. 자녀 양육에 녹아 있는 덴마크의 철학은 매우 강력한 결과를 가져왔다. 회복력이 강하고 정서적으로 안정적이며 행복감을 느끼는 성인으로 성장한 아이는 이 교육 방식을 그들의 자녀에게도 그대로 답습했다. 이런 소중한 유산은 대를 이어 반복되었고, 그것이 덴마크가 40년이 넘는 오랜 시간 동안 세계 행복 순위에서 상위권을 유지하는 힘이 된 것이다.

우리는 이 놀라운 '덴마크 교육법'을 공유하기로 했다. 우리의 목표는 세상에서 가장 힘들고 비범한 육아라는 길에 이제 막 들어선 초보 부모를 돕는 것이다. 일상에서 덴마크식 육아를 구체적으로 실천하기 위해서는 행동하고 인내하며 의지를 다지고 관심을 쏟아야 하는 노력이 요구되지만, 그 결과를 생각한다면 충분히 그럴 만한 가치가 있다. 덴마크 교육법은 당신이 자녀에게 물려줄 유산이 될 것이다. 당신의 가장 큰 바람이 자녀를 세상에서 가장 행복한 아이로 키우는 것이라면 집중해서 읽기 바란다. 덴마크 국민의 진정한 행복의 비밀은 내면에 있다.

제시카 이야기

친구들은 내가 자녀 교육서의 공저자가 되었다는 얘기에 웃음을 터뜨렸다.

"제시카, 네가? 너처럼 엄마답지 않은 사람이 그런 책을 쓴다고?"

아이러니하게도 내가 덴마크식 교육 방식에 빠진 건 나에게 모성애라는 것이 선천적으로 부족했기 때문이다. 덴마크 교육법은 내 삶을 완전히 바꾸어 놓았다. 나에게 도움이 된 것처럼 이 방식이 다른 이들에게도 반드시 도움이 될 거라는 확신이 들었다.

솔직히 말하자면, 모든 엄마가 본능적으로 가진다는 모성애라는 감정과 양육 능력이 내게는 없었다. 아이와 썩 잘 지내는 사람도 아니었고 말이다. 더 솔직하게는 아이를 그다지 좋아하는 사람도 아니었다. 그런데 왜 엄마가 되었느냐면, 다들 그렇게 살기 때문이다. 그랬으니 내가 임신 소식을 들었을 때 얼마나 두려웠을지 짐작이 갈 것이다.

'어떡해! 어쩌자고 임신을 한 거지? 나는 분명 최악의 엄마가 될 거야.'

두려움을 달래려 닥치는 대로 육아서를 읽으며 공부했지만 불안이 쉽게 가시지는 않았다.

나의 남편은 덴마크 사람이다. 결혼하고 8년이 넘는 긴 시간 동안 남편을 통해 덴마크 문화를 경험해 오면서 한 가지 중요한 것을 발견했는데, 바로 덴마크 사람들의 교육 방식이었다.

덴마크 아이들은 대부분 행복했고, 온순하고, 매사에 반듯하게 행동했다. 그 비결이 궁금했지만 덴마크 교육법에 관한 책은 쉽게 찾아볼 수 없었다.

그러던 중 엄마가 되었다. 처음에 나는 그저 일이 닥치는 대로 아이를 키우기 바빴다. 육아에 궁금한 점이 생길 때면 곁에 있던 덴마크인 친구들과 가족들에게 물었고, 그들은 모든 질문에 일일이 답해 주었다. 모유 수유부터 훈육과 교육에 이르기까지 그들의 즉각적인 답변들이 책장 가득 꽂혀 있던 육아서에 담긴 방법들보다 훨씬 더 이로웠다. 나는 교육 철학에 관심이 생겼고 그게 내 인생을 완전히 바꾸어 놓았다.

덴마크인 친구인 심리치료사 이벤과 함께 책에 관해 논의를 시작했다. 이벤은 수년 동안 가정과 어린이를 대상으로 상담한 경험이 있기 때문이다. 우리는 실제로 덴마크 교육법이라는 게 존재하는지 궁금했다. 이벤이 알기로 덴마크 교육법이라는 건 따로 정리된 바가 없었고, 어디에서도 이 주제에 관한 자료나 정보를 얻을 수 없었다. 이벤은 학교와 가족 심리치료사로 오래 근무하면서도 '덴마크 교육법'에 대해 들어본 적이 없었다. 하지만 그녀는 양육에 관한 많은 이론과 연구를 그녀의 가정에 적용하고 있었다. 분명히 존재하지만 이벤이 인지하지 못했던 덴마크 특유의 교육 방식이 정말 있는 걸까?

덴마크 교육법의 원칙

함께 이야기를 나눌수록 '덴마크 교육법'이 존재한다는 사실이 점점 더 또렷해졌다. 이미 덴마크 문화에 속해 있는 우리 같은 사람에게는 분명하게 드러나 보이지 않을 뿐이었는데, 덴마크인의 일상과 문화에 이 교육 방식이 배어 있기 때문이다. 덴마크식 교육 철학의 관점에서 바라보니 덴마크인의 일상과 문화에 어떠한 원칙이 있음을 알게 됐다. 그게 우리가 앞으로 소개할 덴마크 교육법이다.

덴마크 교육법은 덴마크인의 일상과 문화에 관한 13년 이상의 경험과 연구, 이론적 뒷받침과 사실 정보를 기반으로 한다. 이벤은 심리치료 전문가로서의 관점뿐 아니라 다양한 연구와 문화적 사례를 개인적인 경험을 곁들여 소개한다. 우리는 덴마크 학교 제도에 관해 조사하고, 부모, 심리학자, 교사 등 다양한 위치에 있는 사람들과 인터뷰했다. 이 과정을 통해 실로 많은 배움을 얻었다. 모든 작업은 우리 두 사람이 협력하여 진행했으며 참고한 자료는 책의 뒤편에 실었다.

이 책에 정치적인 목적은 없다. 또한 덴마크에서의 일상을 단순히 소개하고자 하는 것도 아니다. 여기에 담긴 내용은 덴마크가 오랜 시간 동안 행복한 나라로 선정된 가장 큰 비결 중

하나라 생각되는 그들의 교육법에 관한 것이다. 행복한 아이가 행복한 성인으로 성장하고, 행복한 성인은 또다시 행복한 아이를 키워 내게 마련이다. 이 과정이 지속적으로 반복되는 것이다. 물론 덴마크인의 행복 비결이 자녀 교육 방식에만 있지는 않을 것이다. 덴마크인을 행복하게 만드는 요인은 그 밖에도 다양할 것이고, 행복하지 않은 사람들도 있을 것이다. 덴마크는 천국이 아니며 다른 나라들처럼 개선이 필요한 사회문제도 분명히 존재한다.

덧붙여, 이 책은 어떤 방식으로든 미국을 폄하하려는 의도를 담고 있지 않다. 미국이라는 나라는 매우 거대하며, 이 책에서 언급하는 미국에 관한 사실과 관찰 결과는 그중에서도 지극히 일반적인 사실에 기초한다. 덴마크인과 결혼한 제시카는 자신이 미국인이라는 사실을 자랑스럽게 여기며 미국을 매우 사랑한다. 제시카는 모든 면에서 그녀의 삶을 바꾸어 준 '덴마크식' 관점으로 세상을 바라볼 기회를 얻은 것이다.

우리가 제시한 새로운 관점을 통해, 당신이 상황을 바라볼 때 어떤 생각이 드는지 살펴보는 기회를 얻었으면 한다. 새로운 관점으로 상황을 다르게 바라보는 데 도움이 된다면 그것으로 이 책의 의미는 충분하다.

모두가 제시카처럼 '가장 엄마답지 않던 사람'에서 출발해 점점 더 행복한 부모가 될 수도 있고 어쩌면 더 나은 사람이 되지 못할 수도 있다. 하지만 조금이라도 긍정적인 변화가 일어나길 진심으로 바란다.

당신이 이 여정을 즐거이 함께했으면 좋겠다.

1장

부모인 나의
'기본값'에 관하여

아이를 키우는 부모라면 누구나 정말 아이를 위하는 길은 무엇일지 고민한다. 아이가 태어나기 전에도, 아이가 힘들어할 때나 골고루 먹지 않는 아이를 보며 화가 날 때도 '내가 지금 잘하고 있는 걸까?' 하고 의구심이 드는 게 보통이다. 이런 고민의 답을 찾기 위해 보통은 책을 찾아 읽거나 인터넷을 검색하고, 또 가족이나 친구처럼 가까운 이들에게 묻기도 한다. 사실 이런 노력 대부분은 조언과 도움이 절실하게 필요해서라기보다는 나의 육아 방식이 잘못되지 않았음을 확인하고 싶기 때문인 경우가 많다.

하지만 무엇이 진짜 아이를 위한 길인지 생각해 본 적이 있는가? 육아에서 옳은 길은 대체 무엇일까? 이탈리아에 가면 아이들이 9시에 저녁을 먹고 자정이 될 때까지 뛰어논다. 노르웨이에서는 아직 어린아이를 영하 20도의 야외에서 자게 두기도 하며, 벨기에에서는 아이들이 맥주를 마셔도 괜찮다. 우리에게는 이런 행동들이 굉장히 이상해 보이지만 그 문화의 부모들에게는 이 방법이 '아이를 위한 길'이다.

코네티컷 대학의 인간발달학 교수인 사라 하크네스Sara Harkness는 이렇듯 부모가 절대적이고 당연하게 여기는 육아법을 '부모민족이론parental ethnotheories'이라고 정의한다. 사라 교수는 수십 년간 전 세계의 다양한 문화를 대상으로 이러한 현상에 대해 연구했다. 연구에 따르면 아이를 제대로 키우는 방법에 대한 각 문화의 고유한 믿음은 그 문화 내에서 이미 너무나도 익숙하므로 객관적인 시선으로 보기가 거의 불가능하다는 사실을 알 수 있다. 각 문화 안에 속한 사람에게 그 문화 내에서의 올바른 육아법은 원래 그런 것으로 여겨지기 때문이다.

모두 한 번쯤 어떤 부모가 좋은 부모인지 고민해 보았겠지만, 미국에서 부모로 살아가는 의미에 대해서도 깊이 생각해 본 적이 있을까? 무엇이 '올바른 육아'인지 구별하는 능력에 미국인의 관점이 어떤 영향을 미칠까? 미국인의 관점에서 벗어나면 무엇이 보일까? 거리를 두고 한 발 떨어져 미국이라는 사회를 바라본다면 어떤 인상을 받게 될까?

스트레스의 전염

최근 몇 년 사이에 전반적으로 미국인의 행복 지수에 빨간 불이 켜지고 있다. 2005년부터 2008년까지 국립보건통계센터 National Center for Health Atatistics에 의하면 미국인의 항우울제 사용량이 400퍼센트 증가했다고 한다. 어린이들도 더욱 다양한 종류의 심리 장애 진단을 받는데, 그중 일부는 문제를 해결할 확실한 치료 방법도 찾지 못한 채 약을 처방받고 있다. 2010년 한 해만 해도 3~7세 아동 중 적어도 520만 명의 아이들이 ADHD(주의력 결핍 및 과잉행동 장애) 진단을 받고 리탈린(집중력 결핍 아동에게 투여하는 약)을 처방받았다.

그뿐 아니다. 미국의 어린이들은 지금 비만과 성조숙증(사춘기가 너무 이른 시기에 찾아오는 증상)과도 싸우는 중이다. 겨우 7, 8살 즈음 되는 아이들이 사춘기를 늦추기 위해 호르몬 억제 주사를 맞고 있다. 사정이 이렇다 보니 다들 이런 상황을 그다지 이상하게 여기기보다는 원래 그렇다는 듯 당연하게 받아들인다.

최근 8살짜리 딸을 둔 한 엄마가 내게 "우리 딸은 호르몬 억제 주사를 맞고 있어요"라고 아무렇지 않게 말하는 걸 들은 적이 있다. 그저 딸에게 사춘기가 너무 빨리 찾아왔다고만 생각하고 있었다.

많은 부모가 부모 자신과 아이 그리고 다른 부모들에게 무의식적으로 경쟁심을 느끼지만 보통 이를 인식하지 못한다. 물론 모든 부모가 다 그런 것은 아니지만 그렇지 않은 부모들조차 이러한 경쟁적인 분위기에 압박감을 느끼기도 한다. 주변에서 들리는 치열하고 자극적인 대화들은 그렇지 않은 부모를 위축되게 한다.

"우리 애는 축구를 정말 잘해. 코치님이 팀 중에서 우리 아이가 제일 잘한다고 하셨어. 축구만 하는 게 아니라 수영이랑 태권도를 같이 하는데도 하나같이 성적이 잘 나와. 어쩜 이렇게 잘하는지 말야. 올리비아는 요즘 어때? 잘 하고 있어?"

부모는 아이의 성과에 압박을 느낀다. 좋은 부모라면 자녀가 학교에서 모범적으로 생활하기를 바라며, 좋은 아이라는 평가를 받을 수 있도록 도와야 한다는 부담을 느낀다. 이러한 부담은 부모에게 굉장한 스트레스를 주며, 언제나 비교당하고 평가받는다고 느끼게끔 한다. 이런 상황에는 크게 두 가지 원인이 있는데, 그중 하나는 인간이 태어날 때부터 지니는 경쟁에 관한 본성이고 다른 하나는 바로 우리가 속한 문화의 고유한 속성이다. 무엇이 우리를 사회적으로 성과를 내고 다른 사람과 경쟁하도록 강요하며, 어른도 행복할 수 없는 높은 기준을 아이에게 제시하면서 성취를 요구하는 걸까? 만약 우리가 지금 가진 양육에 관한 관점, 즉 아이를 잘 키우는 것에 관한 기준이 잘못된 것이라면 어떻게 해야 할까?

만일 당신이 쓰고 있는 안경이 시력에 맞지 않아 생각하는 만큼 객관적으로 정확하게 세상을 보고 있지 않다면 어떻게 할까? 아마 렌즈를 바꾸고, 시력을 교정한 후 다시 들여다볼 것이다. 자, 이제 제대로 된 안경을 끼고 다시 바라보자. 세상이 다르게 보일 것이다. 시력에 꼭 맞는 렌즈를 통해 새로운 관점으로 세상을 보려는 과정에서 우리에게는 새로운 질문이 생긴다.

"더 좋은 방법은 없을까?"

아이 스스로 돌아볼 기회

며칠 전 제시카는 3살 난 아들을 데리고 시내에 나갔다. 아이는 페달이 없는 아이용 자전거를 타고 있었는데 별안간 거리를 향해 내달리기 시작했다. 제시카가 여러번 멈추라고 소리쳤는데도 말이다. 아이가 걱정되어 화가 난 제시카는 뒤를 쫓아 아이를 잡은 후 세게 흔들었다. 화나고 놀란 마음에 "엄마가 멈추라고 하면 멈췄어야지!" 하고 소리치려 했다. 그 순간 겁에 질려 울음이 터질 듯한 아이의 표정을 발견했고, 제시카는 곧 그렇게 하면 안 되겠다는 걸 깨달았다. 그리고 아이에게 하려던 행동을 객관적으로 생각해 보았다. 아이에게 소리를 지르는 건 그 상황에서의 최선이 아니었다.

제시카는 자기 마음을 차분히 들여다보았고 놀랍게도 더 나은 해답을 찾아냈다. 잠시 숨을 고르고 아이를 바라보며 아이의 눈높이에 맞춰 생각한 후, 차분하면서도 걱정스러운 목소리로 말했다.

"병원 가기 싫어, 좋아? 엄마는 네가 다쳐서 병원 가는 거 싫어. 저기 차들 보이지?"

제시카가 차들을 가리키자 아이는 고개를 끄덕였다.

"저기 차에 부딪히면 아야 해서 병원에 가야 할 수도 있어."

아이는 끄덕이며 엄마의 말을 하나씩 따라 하기 시작했다.

"차는 아야 아야."

"그러니까 엄마가 멈추라고 하면 멈추는 거야. 알겠지? 그래야 병원에 안 가는 거야."

아이가 다시 고개를 끄덕였고 터지려던 울음을 그쳤다. 제시카는 아이를 껴안았다. 아이가 품 안에서 고개를 끄덕이며 중얼거리는 걸 들었다.

"차는 아야 아야."

몇 분 후, 두 사람이 다시 횡단보도 앞에 다다랐을 때 제시카는 아이에게 멈추라고 말했다. 발길을 멈춘 아이는 도로를 가리키며 고개를 좌우로 저었다.

"차는 아야 아야."

제시카는 폴짝 뛰고 손뼉을 치며 아이를 칭찬했다. 눈치챘겠지만 제시카는 단순히 아이가 횡단보도 앞에 멈춰 섰다는 사실만으로 기뻤던 게 아니다. 평소처럼 아이를 혼내지 않고 대화로 바꾸었다는 사실에 스스로도 대견스러웠던 것이다. 결코 쉽지 않았지만 그렇게 함으로써 엉망이 될 뻔한 상황을 해피 엔딩으로 바꿨고, 아이와 엄마 모두 기분 좋게 마무리를 지을 수 있었다.

우리는 가끔 육아가 사랑처럼 행동을 수반한다는 사실을 잊는다. 아이를 잘 키우기 위해서는 노력하고 애써야 한다. 좋은 부모가 되는 일은 타인이나 환경으로부터 자신의 존재가 다르다는 것을 구별하는 과정인 '자아 인식'을 요구한다. 이러한 자아 인식은 극도로 힘든 상황에 놓였을 때 내가 어떻게 대처하는지를 살펴보는 것을 말하는데, 기계로 말하자면 '기본 설정값default setting'이라고 할 수 있다. 우리의 기본값은 우리가 더 나은 방법을 생각해 내기 힘들고 귀찮을 때 무의식적인 행동으로 나타난다.

우리의 기본값에 해당하는 행동은 대부분 부모에게서 물려받은 것으로 마치 컴퓨터 시스템의 주요 부품을 넣은 회로 기판인 머더보드motherboard같이 이미 우리 뇌에 깊숙이 박혀 있다. 원래 기본 설정값은 생산 당시에 공장에서 설정된 기본값을 일컫는 말이다. 어찌할 줄 모르고 더 이상 생각조차 하기 어려운 순간에 우리는 기본값으로 되돌아간다. 이는 성장 과정에서 가정교육을 통해 내면에 자리 잡는다. 그래서 우리는 마음에도 없는 말을 하는 자신을 발견하거나, 의도치 않은 행동과 반응을 보일 때가 있는 것이다. 아이들로부터 더 나은 행동을 이끌어 낼 수 있는 더 좋은 방법이 있다는 사실을 마음 깊이 알고 있지만, 정확히 그 방법이 무엇인지 확실하게 알지 못해서 기분이 언짢아진다. 부모라면 누구나 공감할 것이다.

그래서 우리는 나 자신의 '기본값'을 자세히 들여다보고 그것에 대해 연구하고 이해해야 한다. 아이를 대하는 행동이나 반응 중에서 부모인 나의 마음에 드는 점은 무엇이고, 반대로 마음에 들지 않는 점은 무엇인가? 당신의 행동이 단지 당신의 부모가 했던 훈육 방식을 그대로 따라 하고 있는 건 아닐까? 당신이 부모로서 타고난 '기본값'을 인지하는 것이 우선이다. 그래야 나아질 방법을 결정할 수 있다.

이제부터 당신이 타고난 이런 기본값을 어떻게 긍정적으로 변화시켜 갈 수 있을지 하나씩 살펴보려 한다. 기억하기 쉽도록 앞글자를 따서 'PARENT(Play 놀이하기/ Authenticity 진심으로 대하기/ Reframe 새롭게 바라보기/ Empathy 공감하기/ No Ultimatums 마지막 경고 멈추기/ Togetherness and Hygge 연대감과 휘게)'라고 정의해 보았다. 이 여섯 가지의 가치는 지난 40년이 넘는 시간 동안 덴마크 부모들의 지지를 받아 온 무척이나 신뢰할 만한 양육 방식이다.

자아 인식에 관심을 가지고 신중하게 행동하고 반응을 결정하는 것은 인생을 바꿀 만한 강력한 첫 단계다. 이 책은 더 나은 부모가 되는 방법을 전하는 동시에 더 나은 사람이 되는 방법을 설명하고 있다. 또한 다음 세대에게 행복하게 잘 사는 웰빙Well-being에 관한 유산을 물려줄 방법을 알려 주고 있기도 하다. 다음 세대의 자녀와 손주들이 더 행복한 삶을 누리고, 어려움을 만났을 때 스스로 이겨 낼 수 있는 삶을 살아가는 어른이 되도록 도와주는 것만큼 가치 있는 일이 또 있을까? 아마 없을 것이다. 여러분도 우리와 같은 마음이길 진심으로 바란다.

2장

아이의 놀이를
바라보는 법

놀이는 흔히 진지한 학습이 아닌
휴식 시간 정도로 알려져 있지만
사실 아이들에게는 대단히 진지한 학습이다.
―미스터 로저스*

* 미국인이 사랑하는 어린이 TV 프로그램 진행자

아이의 체험학습을 계획할 때 무언의 부담감, 심지어는 유언의 압박을 느낀 적이 있는가? 내 아이가 수영, 야구, 발레, 축구 같은 체험 위주의 활동을 일주일에 적어도 서너 번 정도 하고 있지 않는다면 부모로서 제 역할을 못하고 있는 게 아닌지 걱정스럽기도 할 것이다. 토요일이면 많은 부모가 아이의 예체능 수업으로 주말도 없이 얼마나 바쁘게 보내는지 들어왔을 것이다. 하지만 반대로 주변에서 "내 딸은 토요일 날 그냥 놀 거야"라고 말하는 걸 들어본 적은 있었을까?

여기서 '그냥 논다'는 말은 바이올린을 연주하거나, 정해진 체육 활동에 참여하거나, 어른들이 미리 정해 놓은 활동에 참가한다는 의미가 아니다. 우리가 말하는 '놀이'는 아이가 혼자서나 친구와 함께 하고 싶은 것을 하고 싶은 방법으로 놀고 싶은 만큼 노는 걸 의미한다. 하지만 이렇게 자유롭게 놀도록 허락한 대부분의 부모는 죄책감을 느낀다. 왜냐면 아이에게 무언가를 가르치고 운동을 하게 하고 아이의 두뇌에 더 많은 정보를 넣어 줘야 좋은 부모라고 생각하기 때문이다. 그래서 '놀이'는 언뜻 무언가를 배울 수 있는 의미 있는 시간을 낭비하는 것처럼 보인다. 놀이는 정말 시간 낭비일까?

지난 50년간 미국 아이들의 자유로운 놀이 시간은 텔레비전과 스마트 기기 등의 영향을 제외하더라도 눈에 띄게 줄었다. 이는 아이가 다칠지도 모른다는 두려움과 아이를 성장시키려는 부모의 욕구가 맞물린 결과다.

부모는 아이가 성장하고 있음을 명확하게 확인해야 비로소 안심한다. 아이들이 응원만 한다거나 후보 선수로 벤치를 지키기보다 직접 경기에 나가 뛰는 모습을 보고 싶어 하고, 발레나 피아노 대회에 출전하는 모습을 보길 원한다. 또 아이가 대회에 나가 메달과 트로피를 땄다거나 새로운 노래를 배웠다거나 스페인어 알파벳을 익혔다고 말할 때 무척이나 자랑스러워한다. 그런 아이의 모습을 통해 내가 좋은 부모가 된 듯한 기분에 취하기도 한다. 이렇게 애쓰는 부모의 의도는 다분히 긍정적이며 발전적이다. 나쁘지 않다! 아이가 더 다양한 교육을 받고, 체계화된 체험 활동에 참여하는 것이 더욱 뛰어난 성인으로 성장하도록 돕는 훈련이라고 믿기 때문이다. 사실, 그렇지 않은가?

미국에서 불안 장애, 우울증, 주의력 장애를 진단받는 사람이 급증하고 있다는 건 모두가 아는 사실이다. 자유로운 놀이 시간을 제한하는 건 오히려 아이를 더 불안하게 만드는 게 아닐까?

아이의 인생을 향한 과도한 계획

대다수 부모가 아이를 한 해라도 빨리 입학시키거나 가능하다면 한 학년을 건너뛰어 진급시키고 싶어 한다. 아이들이 글자를 깨우치고 수학을 접하는 시기가 갈수록 빨라지고 있고, 그 모습을 보며 아이가 똑똑하다며 자랑스러워한다. 미국 사회에서 이렇듯 똑똑하고 운동신경이 좋은 아이들은 굉장히 큰 칭찬을 받는다. 아이가 이런 높은 평가를 받기 위해서는 어릴 때부터 수업을 듣고 교육용 장난감을 가지고 놀며 부모의 계획표에 따라 생활해야 할 것이다. 하지만 성공은 성공이고, 성과는 만져지고 가시적이며 측정된다. 그에 반해 자유 놀이는 언뜻 재미있어 보이긴 하는데, 정말 아이들을 가르치는 데에 유용할까?

아이들이 자유 놀이를 하며 두려움을 이겨내는 법을 익힌다면 믿겠는가? 아이들은 자유 놀이를 통해 어려운 상황에서 스스로 회복하는 법을 배운다. 회복력resilience은 성인이 된 아이의 성공 가능성을 예측하는 데 가장 중요한 요소 중 하나다. 실패를 이겨 내고 회복하는 능력, 감정을 조절하고 스트레스에 맞서는 능력은 건전하고 안정적인 성인에게서 찾아볼 수 있는 중요한 특성이다. 회복력은 불안과 우울을 예방한다. 때문에 덴마크 사람들은 몇 년에 걸쳐 정성 들여 회복력을 가르친다. 그 방법 중 하나가 바로 '놀이'다.

1871년 덴마크의 닐스Niels와 에르나 유엘-한슨Erna Juel-Hansen 부부가 교육이론을 기반으로 한 최초의 놀이에 관한 이론을 발표했다. 그들은 자유 놀이가 아이의 성장에 결정적인 영향을 끼친다는 사실을 알아냈다. 실제로 덴마크에서는 오랜 시간 동안 7세 미만 어린이들이 학교에 갈 수 없었다. 이러한 지침을 정한 교육학자를 비롯한 관계자들은 7세 미만의 아이들이 본격적인 학습을 시작하는 걸 바라지 않았는데, 이유는 단순했다. 그 시기의 아이들은 아이답게 자유롭게 놀아야 하기 때문이었다. 게다가 지금도 10세 이하의 어린이들은 대부분 오후 2시 정도에 하교하며, 남은 시간 동안 방과 후 수업을 선택하여 참여할 수 있는데 이 수업도 대부분 자유 놀이로 이루어져 있다. 놀랍지만 사실이다.

덴마크에서는 공부와 운동보다 아이에게 초점을 맞춘다. 부모와 교사는 아이의 사교성, 자율성, 협동심, 민주주의, 자존감 등의 키워드에 집중한다. 그들은 아이들의 회복력을 기르고, 아이의 인생을 이끌 내면의 나침반을 발달시키도록 돕는다. 그들은 아이들이 제대로 된 교육을 받고 다양한 기술을 배울 거라는 사실을 알고 있다.

진정한 행복이란 좋은 교육에서 오는 것이 아니다. 친구를 만들고 스트레스를 이겨내는 방법을 배우고 세상에 대해 현실적인 시각을 갖게 된 아이는 '수학 천재가 되는 것'과는 확연히 다른 일상의 기술을 갖추게 된다.

때문에 덴마크 사람들은 한 사람의 인생을 평가할 때 단순히 직장 생활뿐만 아니라 일상의 기술 전반을 고려한다. 인생을 살아가며 겪는 오르내림을 견디고 대처하는 능력이 없다면 아무리 수학 천재라고 한들 무슨 소용이 있을까. 그래서 우리가 이야기를 나누었던 모든 덴마크 부모들은 어린아이를 지나치게 압박하며 힘들게 교육하는 모습이 이해되지 않는다고 입을 모았다.

덴마크 부모들은 아이들이 좋은 성적, 칭찬, 상을 받기 위해서만 행동한다면 스스로 내적 동기를 키울 수 없다고 말한다.

또 아이들이 무언가를 스스로 터득하고, 자신의 문제를 진단하고 해결하기 위해서는 부모와의 일정한 거리와 아이를 향한 신뢰가 필요하다고도 말한다. 이러한 가치들을 통해 아이는 진정한 자존감을 키우고 자아실현의 토대를 마련한다. 이러한 것들은 다른 사람에게서가 아닌 아이의 내면에서 생겨나기 때문이다.

아이를 조절하는 힘, 어디에 있을까

심리학에서는 이러한 내면의 지지자 또는 동기를 '통제소재locus of control'라고 한다. 'locus'는 '장소' 또는 '위치'를 뜻하는 라틴어로, 통제소재는 인간이 자신에게 일어난 일과 자신의 인생에 대한 통제권을 쥐고 있다는 느낌을 어디서 받고 있느냐 하는 문제다. 내적 통제소재를 가진 사람은 자기가 자신의 인생과 일어난 일들을 통제한다고 믿는다. 그들이 가진 동기는 개인적이고 내적이며, 그들의 통제력은 내부로부터 시작된다.

반면 외적 통제소재를 가진 사람은 환경 또는 운명과 같은 외적인 요인이 자신의 삶을 통제한다고 생각한다. 자신의 행동에 영향을 미치는 것은 외부에서 시작된다고 믿기 때문에 그걸 바꿀 수 없다는 결론에 닿는다. 실제로 우리는 주변 환경과 문화적, 사회적 지위 등의 외적 요인에 영향을 받지만 내적 통제소재와 외적 통제소재를 구분하는 건 우리 자신이 얼마나 스스로를 통제할 수 있다고 믿는가에 달려 있다.

외적 통제소재를 가진 사람은 불안하고 우울한 성향일 가능성이 높다는 연구 결과가 계속 보고되고 있다. 이런 성향의 사람일수록 미래에 대한 통제권이 자신에게 없다고 생각하기 때문에, 무력감이 지나치게 커지면 우울감에 빠진다.

또 다른 연구에 따르면 지난 50년간 젊은 사람들에게서 자신에게 삶의 통제권이 없다고 생각하는 경향이 급격하게 늘었다. 심리학자 진Jean M. Twenge과 동료들은 아이들을 대상으로 한 '아동의 내·외적 조절 척도Nowicki-Strickland Internal-External Control Scale'에 관한 실험을 진행했다. 이 실험은 참가자를 조절하는 힘이 내부, 외부 중 어디에 있는지 알아보는 실험이었다. 이 실험을 통해서 초등학생부터 중고등학생까지의 아이들에게서 자기조절의 주체가 내부에서 외부로 급격히 변화했다는 사실을 밝혀냈다. 어느 정도의 변화인지 잠시 설명하자면, 1960년의 젊은이 중에서 자신이 인생의 통제권을 가지고 있다고 응답한 수가 2002년에 비해 1.8배 많았고, 2002년의 아이들은 개인이 통제하기 어렵다고 말하는 경향이 훨씬 두드러졌다.

그리고 더욱 놀라운 사실은 이러한 경향은 중고등학생보다 초등학생에게 조금 더 명확히 드러났다는 점이다. 겨우 초등학생인 어린아이가 자신이 인생을 스스로 통제하지 못한다고 느끼고 있었다. 이처럼 무력감을 느끼는 시기는 점점 더 빨라지고 있다. 자신이 삶을 통제할 수 없다고 느끼는 경향이 계속 늘어나는 추세는 오늘날 우리 사회에 증가하고 있는 우울, 불안과 상관관계가 있다. 이러한 변화의 근본적인 원인은 무엇일까?

스스로 배우고 성장하는 기회를 주자

덴마크 교육법의 중심에는 러시아의 발달심리학자 레프 비고츠키Lev Semenovich Vygotsky에 의해 최초로 소개된 '근접발달'이라는 개념이 있다. 이 이론은 기본적으로 아이에게는 주변인들의 적정한 도움과 함께 아이 자신만의 적당한 영역이 필요하다고 주장한다.

숲에 쓰러져 있는 통나무에 기어오르는 아이를 도와준다고 상상해 보자. 처음에 아이가 손을 잡아 달라고 도움을 요청하면 손을 잡아 준다. 그다음부터는 훨씬 적은 도움만으로 충분해진다. 그리고 시간이 흐르면 자연스레 아이는 도움이 필요하지 않게 된다. 어른이 안아 주거나 밀어 주지 않아도 된다.

덴마크 부모들은 되도록 아이가 처한 상황에 당장 개입하기보다는 아이가 혼자 해낼 수 있을 뿐만 아니라 새로운 경험을 시도할 수 있다고 믿으며 지켜본다. 아이가 스스로 자신에 대한 믿음을 가질 수 있도록 거리를 두는 것이다. 그들은 발달의 토대가 되고 바른 성장에 매우 중요한 아이의 자존감 형성을 돕는다. 이 과정에서 아이가 지나친 부담을 느끼면 자신이 하는 일에 흥미를 잃고 두려워하거나 불안해할 수 있다. 그래서 덴마크 부모들은 아이가 안전하다고 느끼는 곳에서 아이가 흥미를 잃지 않고 낯선 감정을 유지한 채 더욱 멀리 가 보고 새로운 것을 시도해 보도록 안내한다.

이렇게 아이와의 적당한 거리를 유지하고 근접발달 영역을 존중해 주는 것은 아이가 자신의 도전과 발달에 스스로 책임감을 느끼게 한다. 아이는 스스로 통제감을 갖고 자신감과 능력을 개발해 나간다. 반면 과도한 위험 요소에 떠밀리는 아이들은 자신의 행동과 발달을 스스로 조절하지 못하기 때문에 외적 통제소재를 갖게 되는데, 이런 경우 아이의 자아존중감의 기초는 불안정해진다.

부모는 아이가 더 빨리 배우도록 돕고 싶은 마음에 열심을 쏟지만 정작 더 좋은 결과를 보장하는 건 아이만의 성장 속도에 맞춰 주는 일이다. 아이는 공부뿐 아니라 무언가를 배우며 더 재미있어 하고, 스스로 배우며 내 것이 됐다고 느끼며 자신감을 가진다.

미국의 심리학자 데이비드 엘킨드David Elkind도 이에 동의한다. 예를 들어 부모의 압박으로 글자를 더 빨리 깨우친 아이가 있다고 가정해 보자. 이 아이는 또래 중에서는 가장 먼저 잘 읽겠지만 몇 년 내에 결국 다른 아이들과 비슷해질 것이다. 이건 너무 낭비라는 생각이 들지 않는가? 이렇게 오랜 기간 압박을 받은 아이들은 나중에는 높은 불안감과 낮은 자존감을 보인다.

미국에는 스트레스와 불안감을 해소하는 방법에 관한 책이 셀 수 없이 많다. 우리는 어떤 방법을 동원해서든 스트레스와 불안을 없애고 싶어 하는데, 특히나 아이에 대해서는 더욱 그렇다. 정말 많은 부모가 헬리콥터처럼 아이의 주위를 맴돌며 언제든 아이를 보호하려 한다. 아이가 계단을 오르지 못하게 하고 부모의 눈에 조금이라도 위험해 보이는 건 무엇이든 막아 버린다. 그렇게 하지 않으면 뭔가 찜찜하고, 나쁜 부모가 된 듯한 기분이 들기도 한다. 그 속내를 들여다보면 아이를 보호하기 위해 충분히 노력하지 않았다는 스스로와 주변의 평가를 의식하기 때문이다. 요즘 세상은 아이 한 명을 키우는 데 너무나 많은 안전장치와 도구가 필요하다. 도대체 20년 전에는 아이가 어떻게 살아남을 수 있었는지 궁금할 정도다.

우리는 아이를 스트레스로부터 지켜 주고 싶어 한다. 아이가 자신감으로 똘똘 뭉쳐 스스로 특별하다고 여기길 바란다. 이를 위한 가장 일반적인 방법은 아이들이 이루어 낸 사소한 성취까지도 과장되게 칭찬하는 것이다. 하지만 장기적으로 보면 자신감을 키우고 스트레스를 줄여 주려는 시도는 아이에게 또 다른 스트레스를 안겨 주는 일일 수도 있다. 자아존중감보다 앞서 자신감을 심어 주는 건 모래 위에 성을 짓는 것과 같다. 늑대가 아기 돼지 삼형제를 습격했을 때 어떤 일이 일어났는지 우리는 이미 매우 잘 알고 있다.

어떻게 놀아야 도움이 될까

　과학자들은 수년간 놀이가 진화적으로 어떤 목적을 지녔는지 알아내기 위해 동물들의 놀이를 연구해 왔다. 그 결과 스트레스를 다루는 법을 배우는 데에 놀이가 매우 결정적인 역할을 한다는 사실을 알아냈다. 실험용 쥐와 히말라야 원숭이를 대상으로 실시한 연구에 의하면 성장 과정의 중요한 시기에 함께 놀 친구를 빼앗긴 동물은 성장이 끝나면 스트레스에 시달렸다. 이 과정을 겪은 동물은 곤란한 상황에서 과잉 반응을 보였고 친구를 사귀는 데에 어려움을 겪었다. 지나치게 공포를 느낀 것처럼 행동했고, 때로는 비틀거리며 구석으로 달려가거나 과도하게 공격적인 반응을 보이며 분노를 조절하지 못했다. 놀이가 부족했던 것이 그 이유임이 분명했다. 단 한 시간이라도 친구들과 함께 놀았던 동물들은 더 정상적으로 발달했고 성장이 끝난 이후에도 스트레스를 잘 견뎌냈기 때문이다.

　일반적으로 놀이에서 경험하곤 하는 도피 행동은 뇌에서 스트레스와 똑같은 신경 화학 경로를 통해 활성화된다. 두 마리의 강아지가 서로를 쫓아 주위를 맴돌며 달리는 모습을 상상해 보자. 많은 동물이 이런 놀이를 하는데, 쫓거나 쫓기는 역할을 나누어 맡는 싸움 놀이 상황은 자연스레 스트레스를 유발한다. 동물의 새끼들을 이러한 스트레스에 노출시키면 시간이 지날수록 스트레스에 무뎌지는데, 이는 놀이를 할수록 뇌에서 스트레스를 조절하는 능력이 향상됨을 의미한다. 새끼들의 대처 능력은 놀이를 통해서 지속적으로 향상되며 더욱 강한 스트레스 상황을 다룰 수 있게 된다. 회복력이란 스트레스를 피하는 것이 아니라 그 스트레스를 어떻게 견디고 길들여 정복하느냐에 달린 것이다.

우리가 아이들을 충분히 놀지 못하게 해서 아이 스스로 스트레스를 통제할 수 있는 능력을 빼앗고 있는 것은 아닌지 생각해 볼 문제다. 우리 사회의 불안 장애와 우울증을 겪는 환자 수를 보고 있으면 무언가 잘못됐다는 생각이 든다. 불안 장애 환자들이 가장 두려워하는 것이 바로 자신의 감정을 조절하지 못한다는 점이다. 우리가 도울 수는 없지만 이렇게 질문해 볼 수는 있을 것이다. 만약 부모가 한 발짝 뒤로 물러나 아이에게 더 많은 놀이 시간을 허락한다면 아이는 더 행복하고 회복력 있는 사람으로 성장할 수 있을까?

우리의 대답은, '그렇다'다.

놀이와 대처 능력의 관계

미국 매사추세츠의 한 아동발달센터에서는 유치원생을 대상으로 아이들의 놀이 수준과 대처 능력 사이의 긍정적인 상관관계에 관한 연구를 시도했다. 연구자들은 놀이다움의 평정 척도(학습 결과, 성격, 태도 따위를 평가할 때 사용하는 기준—옮긴이)와 대처 능력의 수준을 대조하고 검토했다. 그 결과 대처 능력과 놀이 수준 사이에 직접적인 상관관계가 있음을 밝혀냈는데, 놀이 시간이 더 긴 아이들의 대처 능력이 높게 나타났던 것이다. 즉, 놀이 시간이 길수록 사회적 기술을 배우고 사회적, 놀이적 상황에 참여하는 능력이 높아짐을 알 수 있다.

캘리포니아주 팔로알토에 있는 건강연구소에서 근무하는 직업치료전문가 루이스 헤스Louise Hess 연구팀이 실시한 또 다른 연구에서는 청소년들의 놀이와 대처 능력 사이의 관계를 밝히고자 했다. 그들은 정상적으로 성장하는 청소년들과 정서적으로 문제가 있는 청소년들의 두 집단을 대상으로 연구를 실시했다. 앞서 유치원생을 대상으로 한 실험과 마찬가지로 두 그룹 모두에서 놀이 수준과 대처 능력 사이에 직접적이고 두드러진 상관관계가 나타났다. 연구원들은 놀이가 대처 능력을 발달시키는 데 유용하며, 특히 무언가에 적응하고 문제나 목표에 다양한 방법으로 접근하는 능력을 키우는 데 효과가 있다는 사실을 알아냈다.

맞는 말이다. 창밖으로 막대기를 휘두르거나, 나무에 오르거나, 높은 곳에서 뛰어내리는 아이들을 생각해 보자. 아이들은 위험한 상황을 시험하는 중인데, 이 상황에서는 오직 당사자인 아이만이 어떻게 이 상황을 헤쳐나가야 하는지와 무엇이 적절한 행동인지 안다. 여기서 중요한 것은 아이가 자신이 받는 스트레스를 스스로 조절할 수 있다고 생각하는 점이다. 이는 아이가 자신의 인생을 스스로 조절하고 있다고 느끼게 만든다.

어린 동물과 영장류도 비슷한 행동을 한다. 그들은 의도적으로 자신을 위험한 상황에 몰아넣는다. 나무를 배배 꼬고 감아서 착지하기 어렵게 만들고, 나무를 향해 뛰어오르고 또 뛰어내린다. 그들은 두려움에 대해 배우고, 어떻게 그 두려움에 대처하는지를 배운다. 앞서 언급한 싸움 놀이와 비슷하다. 동물들은 쫓기는 역할과 쫓는 역할을 맡으며 두 역할 각각의 감정적인 어려움을 느끼는 중이다.

아이들에게는 사람을 사귀는 것 또한 스트레스를 유발하는 일이 될 수 있다. 사회적 놀이는 충돌과 협력 모두를 이끌어 낸다. 분노와 두려움은 놀이를 지속하기 위해 반드시 경험하고 대처해야 할 감정이다. 놀이할 때에는 칭찬을 받는 일이 없다. 규칙은 바뀌고 또 바뀌어야 하며, 놀이하는 아이들은 계속해서 친구의 기분을 살펴야 한다. 만약 친구가 화가 나서 놀이를 그만둔다면 게임은 끝나 버리기 때문이다. 아이들은 친구와 함께 놀기를 원하므로 다른 아이들과 동등한 위치에서 친해지는 방법을 연습해야 한다. 이는 아이의 행복을 위해 반드시 필요한 능력이다.

따라서 놀이는 덴마크 교육법의 핵심이다. 덴마크의 학교에서는 모든 학생이 운동과 놀이 등을 통해 학습한다. 초등 저학년을 대상으로 하는 '경찰과 도둑 놀이'는 고학년이 주도한다. 이러한 학생 중심의 놀이는 학년과 관계없이 모든 학생이 숨바꼭질, 소방관 놀이, 소꿉놀이 같은 다양한 활동을 체험하도록 돕는다. 이 과정을 통해 수줍음을 많이 타는 성향의 아이나 친구가 없던 아이도 놀이에 참여해 볼 용기를 얻는다. 다양한 학년의 아이들이 모두 함께 참여할 수 있는 창의적이고 재밌는 놀이는 아이들이 부모나 선생님과 함께할 때와는 다른 방식으로 자신을 시험해 보도록 돕는다. 이런 놀이는 학교 폭력을 확연히 감소시키며 사회성과 자기조절력을 높여 준다.

레고와 놀이터의 진실

레고를 모르는 사람은 별로 없다. 누구나 한 번쯤은 이 유명한 형형색색의 쌓기 블록을 가지고 놀아본 적이 있을 것이다. 2000년대가 시작될 무렵, 경제지 <포춘>에서 역사상 가장 인기 있는 장난감 중 하나인 레고를 21세기 최고의 장난감으로 선정했다. 초기의 레고는 나무로 만들어졌는데, 조립식 블록이라는 기본 콘셉트는 지금까지 벗어난 적이 없다. 근접발달 영역처럼 레고는 모든 연령대의 사람들을 위한 것이다. 아이의 수준이 높아지면 그 단계를 위한 레고가 준비되어 있다. 아이가 다음 단계에 도전할 수 있도록 설명해 주면서 아이와 함께 레고를 가지고 노는 건 매우 괜찮은 놀이법이다. 레고는 혼자 할 수도 있고 친구와 함께 할 수도 있다. 지금껏 전 세계 사람들이 레고를 만드느라 보낸 시간을 모두 합하면 헤아릴 수 없을 만큼 많을 것이다.

잘 알려지지 않은 흥미로운 사실은 레고가 덴마크에서 처음 만들어졌다는 것이다. 1932년 덴마크 목수의 작업실에서 만들어진 레고는 '잘 놀다'라는 의미의 덴마크어 'leg godt'에서 유래되었다. 상상력을 발휘해 자유롭게 논다는 레고의 아이디어는 그야말로 대성공을 거두었다.

세계 최대의 놀이기구 생산 업체인 콤판Kompan 역시 덴마크의 회사다. 콤판은 야외 놀이터를 제작하는 회사로 심플함과 품질, 놀이를 극대화하는 기능을 인정받아 수많은 디자인 상을 수상했다. 콤판의 목표는 아이의 학습을 돕는 건전한 놀이를 촉진하는 것이다. 콤판이 제작한 첫 번째 놀이시설은 40여 년 전 덴마크의 젊은 예술가에 의해 우연히 만들어졌다. 그는 칙칙한 주택가의 편의시설의 분위기를 밝게 바꾸려고 알록달록한 설치미술 작품을 제작했다. 설치하고 보니 어른들이 감탄하는 것보다는 오히려 아이들이 더 활발하게 설치물을 놀이에 활용한다는 걸 알아차렸다. 현재 콤판은 세계 최대의 놀이시설 제작 업체다. 인구가 겨우 5백 만밖에 되지 않는 작은 나라에 전 세계 실내외에 놀이시설을 공급하는 산업을 이끄는 기업이 있다는 사실은 상당히 주목할 만하다.

그러니 이제 나뭇가지를 흔들고, 바위에서 뛰어내리거나, 친구들과 싸움 놀이를 하고 있는 아이에게 그만두라고 말하고 싶어질 때면 기억하자. 아이들은 이런 놀이를 통해 어느 정도의 스트레스를 견딜 수 있는지 배우는 중이라는 사실을 말이다. 아이가 친구들과 놀고 있을 때 내 아이를 보호하고 싶은 마음이 든다면 기억하자. 지금 아이는 이 놀이를 계속하기 위해 자기조절력과 사회성을 익히는 중이라는 사실을 말이다.

아이가 친구들과 더 많이 놀면 놀수록 자연스럽게 회복력이 성장하고 사회성 또한 향상된다. 매우 당연한 사실이다. Leg godt, 잘 노는 건 미래의 행복이라는 블록을 쌓는 것이다.

제대로 즐겁게 놀도록 도와주는 일상의 노력

1. 전원을 끄기

텔레비전을 비롯한 전자기기의 전원을 끄자! 상상하는 힘은 놀이에서 긍정적인 효과를 얻는 데에 핵심적인 요소다.

2. 충분한 놀잇감을 제공하기

연구에 따르면 감각을 자극하는 환경에서 이루어지는 놀이는 두뇌 피질의 성장을 촉진한다고 한다. 아이가 놀이하는 동안 시각, 청각, 촉각 등 다양한 감각을 자극할 수 있는 도구를 주변에 두어 두뇌 성장을 도와주자.

3. 미술을 활용하기

아이들의 뇌는 미술 등의 창작 활동을 할 때 성장한다. 구체적인 방법은 알려 주지 말고 창작에 필요한 준비물을 제공해 주어 아이가 스스로 무언가를 만들어 볼 기회를 주자.

4. 집 밖을 탐험하기

가능한 한 자주 숲, 공원, 해변과 같이 집 밖의 어디든 아이를 데리고 나가 마음껏 뛰어놀 수 있게 해 주자. 자유롭게 활동하고 탐험해도 불안하지 않을 안전한 장소를 찾아보자. 이런 장소야말로 아이가 자유롭게 상상하며 즐겁게 놀 수 있는 곳이다.

5. 다양한 나이의 아이들과 함께 어울리기

아이가 다양한 연령대의 아이들과 어울리도록 하자. 이런 경험은 아이의 근접발달 영역을 향상시키고, 나이가 다른 친구를 도우며 자연스레 서로 배우고 새로운 수준으로 성장하게 돕는다. 더 나이가 많은 아이들과 협력하는 방법을 배우고, 게임에 참여하는 방법과 도전하는 방법, 주인공이 되는 경험을 통해 앞으로의 인생에서 필수적인 자기조절력과 협상 능력을 배우게 된다.

6. 죄책감을 거두고 자유롭게 놀게 하기

아이는 놀이할 때 어른이 주도하는 특정 놀이나 구체적인 장난감을 요구하지 않는다. 아이가 놀이를 스스로 이끌수록 상상력을 발휘하고, 더 많은 것을 얻게 될 것이다. 지금 아이가 배우는 기술들은 매우 귀중하고 그 자체로 가치 있다. 어른들은 아이가 자유롭게 노는 것의 중요성을 간과한 채 얼마나 잘 계획된 체험학습 프로그램인지, 무얼 배우고 있는지만 걱정하고 있는데, 이제 그만 죄책감을 걷자. 아이를 자유롭게 놀게 두는 것은 부모가 육아를 제대로 하지 않는다는 의미가 아니다. 자유롭게 노는 것이야말로 지금 아이들에게 꼭 필요한 일이다.

7. 진심을 담기

아이와 함께 놀고 싶다면 아이의 눈높이에서 진심을 담아야 한다. 남들 눈에 우스꽝스러워 보일까 걱정하거나 다른 사람의 시선을 의식하지 말자. 어렵겠지만 매일 20분이라도 좋으니 아이와 눈높이를 맞추며 함께 보내는 시간을 갖자. 아주 짧은 시간이라도 아이의 눈높이에 맞추어 놀아 주는 것은 그 어떤 비싼 장난감보다 더 귀하다.

8. 혼자 놀게 두기

아이에게 혼자 노는 시간은 매우 중요하다. 장난감을 가지고 놀면서 새로운 경험을 하고, 문제에 부딪히고, 그 문제를 해결해 가는 일상적인 과정을 통해 자기만의 방식을 찾아내게 된다. 아이가 상상에 빠져 주인공의 목소리를 따라 하고, 상상 속 세계에서 일어나는 일에 반응하는 일도 일어난다. 이런 일들은 회복력뿐만 아니라 아이의 상상력을 키워주는 데에도 효과를 발휘한다.

9. 장애물을 만들어 주기

의자나 매트리스 같은 일상적인 물건들을 활용해 아이에게 장애물 코스를 만들어 주자. 또 집 안의 도구를 활용해 새로운 공간을 만들어 주면 아이가 뛰어놀며 상상력을 발휘할 수 있다. 아이가 자유롭게 놀고, 뛰고, 기어오르고, 탐험하고, 무엇이든 직접 만들어 볼 수 있게 해 주자. 집이 엉망이 되었다고 너무 스트레스 받지는 말자.

10. 다른 가족과 함께하기

함께할 만한 놀이가 있다면 다른 가족과 함께해 보자. 건전한 놀이에 참여하는 부모가 많아질수록 어른 없이 자유롭게 노는 아이들도 많아진다. 미국의 소아 전문의들은 놀면 건강해진다는 사실을 입증하기 위해 가이드라인을 개발했을 정도다. 아이들에게 놀이는 매우 소중한 경험이기 때문에 더욱 장려되어야 하며, 주변 가족들과 협력해야 한다.

11. 성급히 끼어들지 않기

아이의 친구들에 대해 성급히 단정하거나 안 좋은 시선으로 바라보지 말자. 또 아이를 보호하기 위해 다른 친구들과 함께 있는 상황에 성급히 끼어들지 말아야 한다. 때로 아이들은 대하기 어려운 친구들과의 경험을 통해 자기조절력과 회복력을 키워나간다.

12. 아이를 내버려 두기

아이가 스스로 하게 내버려 두자. 아이를 구해 줘야겠다는 생각이 들 때는 한 발짝 물러나 호흡을 가다듬어 보자. 아이는 지금 인생을 살아가는 데 꼭 필요한 매우 중요한 기술을 배우는 중이라는 사실을 기억하자.

3장

진심으로
대하기

정직만큼 풍부한 유산은 없다.

―윌리엄 셰익스피어

분명 해피 엔딩이긴 한데 보고 나면 어딘가 찜찜한 영화를 본 적이 있는가? 혹시 제법 괜찮은 결말인데도 당신의 인생이 영화처럼 마냥 그렇게 행복하지만은 않았단 걸 떠올리지는 않았을지 모르겠다. 지금 당신의 직업이 영화 속 주인공만큼 그렇게 대단히 좋지 않았을 수도 있고, 당신의 인간관계, 집, 차, 옷이 영화에 나오는 것들처럼 근사하지 않아서일 수도 있다. 영화 속 장면들에 공감하지 못했을 수도 있고 말이다. 그러나 어쨌거나 즐거움을 위한 영화 한 편에 불과하니 지나치게 신경 쓸 필요는 없다. 대부분의 할리우드 영화는 즐거움을 위해 제작되기 때문이다. 그러나 예술이 우리의 인생을 반영하는 거라면 영화 속 달콤한 결말이 실제 삶을 얼마나 반영하고 있는지 궁금해진다.

덴마크에는 우울하고 슬프고 비극적인 결말의 영화들이

꽤 많다. 우리에게 익숙한 해피 엔딩의 영화는 찾아보기가 어렵다. 제시카는 덴마크 영화를 볼 때면 우울한 분위기가 잦아들면서 결국 모두 괜찮아질 것을 암시하는 배경음악이 나오기만을 기다렸다. 남자와 여자는 서로 마음을 열고, 영웅은 세상을 구하며, 세상은 이전처럼 다시 평화로워질 때 나오는 그런 배경음악 말이다!

　미국인인 제시카는 지금껏 영화에서 해피 엔딩이 관객의 당연한 권리라고 생각했다. 하지만 덴마크 영화는 보면 볼수록 깨지기 쉬운 그릇같이 민감하고 현실적이고 고통스러운 문제들을 직면시켰다. 이런 영화는 관객들에게 원초적인 감정과 찜찜함을 남긴다. 덴마크 사람들은 어떻게 이런 영화를 보고 행복해할 수가 있지?

　오하이오 주립대학의 커뮤니케이션학 교수 실비아 크노블록 위스터윅Silvia Knobloch Westerwick 연구팀은 일반적인 생각과는 다르게 비극적이거나 슬픈 결말의 영화가 사람들을 더욱 행복하게 만든다는 사실을 밝혀냈다. 비극적인 영화는 사람들로 하여금 자신의 삶에서 긍정적인 면을 보게 하기 때문에 인간관계에 감사하게 하고, 감정을 풍부하게 해 주며, 스스로와 소통하게 하는 경향이 있다는 것이다.

동화 같은 결말이라고 좋기만 할까

한스 크리스티안 안데르센은 아마도 역사를 통틀어 가장 유명한 덴마크 작가일 것이다. 그는 전 세계가 아는 유명한 동화인 《인어공주》, 《벌거벗은 임금님》, 《미운 오리 새끼》 등 수많은 동화를 만들어 낸 선구자 같은 존재다.

하지만 많은 사람이 잘 모르는 사실은 안데르센의 동화는 우리가 흔히 아는 이야기의 결말들과는 다르게 대부분 비극으로 끝난다는 것이다. 《인어공주》만 해도 그렇다. 인어공주는 결국 왕자와 행복하게 사는 게 아니라 슬프게도 바다의 물거품이 되어 버리고 만다. 사실 안데르센 동화의 결말은 대부분의 나라에서 문화에 따라 변형되었다. 요컨대 영문판 안데르센 동화는 아이에게 들려주기 꺼려지는 부분들이 굉장히 세심하게 번역되었다.

하지만 덴마크에서는 스스로 해석할 수 있는 결말을 내리고, 판단은 독자의 몫으로 남겨 두었다. 비극과 불편한 사건도 다루어야만 하는 주제라고 생각하기 때문이다. 실제로 사람은 평탄할 때보다 어려운 시기를 맞닥뜨렸을 때 스스로를 훨씬 더 깊이 이해할 수 있게 된다. 그렇기에 우리는 우리 인생의 구석구석을 들여다볼 필요가 있다. 이러한 삶의 자세는 더욱 진정성이 있고, 인간에 대한 공감과 깊은 존경심을 불러일으킬 수 있다. 동화 속의 비현실적인 삶에 지나치게 초점을 맞추어 종종 당연하게 여기곤 하는 사소한 일상에 새삼스레 감사하게 되기도 한다.

덴마크 사람들에게 진심_{authenticity}이란 본인의 감정을 이해하는 것에서부터 시작된다. 그게 좋건 나쁘건 부모가 아이에게 진짜 속마음을 알아차리는 방법과 신념에 따라 행동하는 법을 가르친다면, 아이는 어렵고 힘든 도전 앞에서도 쉽게 쓰러지지 않고 옳다고 생각하는 바에 따라 행동할 수 있게 된다. 더불어 자신의 한계가 어디까지인지 알고 존중하는 법 또한 배울 것이다. 자신의 수준에 맞춰 진정으로 스스로를 아끼는 내면의 나침반은 아이의 삶을 이끌어 주고 어려움을 견딜 수 있게 하는 무엇보다 강력한 힘이 될 것이다.

진심으로 대하기

진정성이 있는 교육은 아이가 자기 자신과 남들 앞에서 용기 있게 솔직한 모습을 드러낼 수 있도록 이끌어 주는 첫 번째 단계다. 진정으로 힘 있는 교육은 건강한 감정이 어떤 것인지 직접 보여 주는 것이다. 아이에게 정말로 필요한 것은 완벽한 것이 아니라 꾸밈없는 정직한 감정 표현이다. 아이는 부모가 화났을 때, 기쁠 때, 좌절할 때, 만족스러울 때마다 그 감정들을 어떤 방식으로 표현하는지 늘 곁에서 지켜보고 있다. 그렇기에 부모가 먼저 솔직함을 보이고 아이가 느끼는 다양한 감정이 자연스러운 것이라는 점을 알려 줘야 한다.

대부분의 부모는 아이가 기쁘고 행복해할 때 어떻게 반응해야 하는지 잘 알고 있다. 하지만 분노, 공격, 불안 등과 같이 부정적이고 까다로운 감정에는 상대적으로 어떻게 반응해야 할지 어려워한다. 그러다 보니 아이는 부정적이고 까다로운 감정에 반응하는 법을 비교적 적게 배우게 되고, 결국 훗날 자신의 감정을 조절하는 능력에 영향을 받는다. 어렵더라도 다양한 감정을 일찍 받아들이고 인정하는 것은 아이가 세상에 더 수월하게 적응하게 도울 것이다.

예를 들어 보자. 어려운 시간을 견디고 있는 아이에게 활짝 웃으면서 모두 괜찮아질 거라고 말하는 게 최선일까? 아니다. 자신을 속이는 건 가장 큰 거짓이며, 아이에게 보내는 가장 위험한 메시지다. 그런 부모의 모습을 아이가 따라 하게 되기 때문이다. 나의 진심을 무시하고 진짜 내 마음이 아닌 외부의 영향을 받아 무언가를 결정하게 되기 때문에 점점 더 혼란스러워진다. 스스로를 속이는 건 자신이 원하지 않는 방향으로 삶을 이끌어 불행해지게 만든다. 그 순간, 우리는 스스로에게 묻는다.

'이게 내가 진정 원하던 걸까? 혹시 내가 원해야 한다고 생각했던 게 아닐까?'

반대로 진심은 나와 내 가족에게 옳은 길이 무엇인지 확인하기 위해 감정과 직감을 살핀다. 신념에 따라 걸어갈 때는 두려움이 아닌 확신이 들게 해 준다. 또 자신의 솔직한 감정을 무시하거나 무감각해지게 만드는 것이 아닌 내 '진짜' 감정에 따라 행동하게 돕는다. 이런 행동 방식에는 용기와 의지가 필요하지만 그 보상은 기대 이상이다. 새 차를 사는 것과 같은 외적인 목표보다는 관계를 개선하거나 취미 생활을 하는 것처럼 본질적인 목표를 따라 행동하는 법을 배우는 삶이 진정 가치 있는 삶이라는 것은 증명된 사실이다.

그런 이유로 더 큰 집과 더 많은 물건을 소유하듯 그럴듯해 보이는 체험 활동 프로그램에 아이를 참가시키려 애쓰는 건 자신을 속이는 함정일 수 있다. 아이가 진짜 원하는 일에 귀를 기울이지 않고, 아이만의 고유한 속도를 존중하지 않으면서 부모나 주변 사람들의 꿈을 강요하는 것 역시 마찬가지다. 아이에게 지나치게 부담을 주거나 또 반대로 너무 과한 칭찬을 쏟아 버리면 아이는 자신을 위해서가 아니라 타인을 만족시키기 위해 행동하는 법을 배운다. 그러한 행동이 '기본값'이 된 아이는 외적인 목표를 추구하기 때문에 행복을 위해 끊임없이 외부에서 무언가를 얻어야만 만족한다. 세상의 기준으로는 성공일지 몰라도, 우리가 바라는 행복과 건강을 얻지는 못할 수도 있다. 앞서 살펴보았듯 외적인 목표는 불안과 우울이라는 결과를 초래하기 쉽기 때문이다.

진심을 담은 덴마크식 칭찬법

겸손은 몹시 중요한 가치로 덴마크에서 오래전부터 중요하게 여겨져 왔다. 겸손의 진정한 가치는 스스로를 너무 잘 알기 때문에 다른 사람의 판단에 좌우되지 않는다는 점에 있다. 그런 이유로 덴마크 부모는 아이를 너무 과하게 칭찬하지 않으려 한다.

이벤은 아이들에게 열심히 노력하면 원하는 것이 무엇이든 이룰 수 있다고 자주 이야기했다. 아이들은 스스로 성장하고 발전해야 한다는 사실을 알고 있었고, 이벤은 아이들을 격려해 주었다. 한편으로 그녀는 아이들을 너무 많이 칭찬하지 않으려 노력했다. 과한 칭찬은 오히려 빈말처럼 느껴져 아이들이 제대로 이해하지 못할 수도 있기 때문이다.

예를 들어 덴마크에서는 아이가 급하게 마구 그린 그림을 부모에게 들고 왔을 때 "와! 정말 잘 그렸네! 넌 그림을 정말 잘 그리는구나!"라고 칭찬하지 않는다. 대신 "우와, 뭘 그린 거니?" "뭘 생각하며 그린 거야?" "왜 이 색깔로 칠했어?"라는 식으로 그림 자체에 대해 질문한다. 아이가 이 그림이 선물이라고 내밀었다면 그냥 단순하게 고맙다고 말했을 것이다.

아이가 이루어 낸 과업에 집중하는 것이 진심을 담은 덴마크식 칭찬법이다. 이런 칭찬은 아이가 본인이 쏟은 노력에 집중하게 하고 겸손함도 배우게 한다. 아이가 이미 무언가를 잘한다고 생각하게 하기보다는 앞으로 더 잘하게 될 거라는 느낌이 들게끔 도움을 줌으로써 아이들이 딛고 일어나 성장할 수 있는 회복력과 내적인 힘을 길러 주는 것이 핵심이다. 최근에는 부모가 아이를 칭찬하는 방식이 아이의 회복력에 굉장한 영향을 미친다는 흥미로운 연구 결과도 발표되었다.

미국의 많은 부모가 아이의 장점을 칭찬하는 것이 자신감을 형성하고 학습 의지를 기르는 데 도움이 된다고 생각한다. 하지만 스탠포드 대학의 심리학 교수인 캐롤 드웩Carol S. Dweck은 30년이 넘는 오랜 연구 끝에 예상 밖의 결과를 내놓았다. 칭찬은 아이가 자신의 재능을 바라보는 시각과 밀접한 연관이 있다는 것이었다. 자신이 가지고 태어난 재능에 대해 지속적으로 칭찬을 받은 아이는 재능은 태어날 때부터 타고나는 것이라는 '고정형 사고방식'을 가지게 된다. 그에 반해 재능은 노력과 학습을 통해 성장할 수 있다고 듣고 자란 아이들은 노력으로 능력을 발달시킬 수 있다는 '성장형 사고방식'을 가지게 된다.

고정형 사고방식을 가지고 자란 아이들은 자신이 진짜 똑똑하든 그렇지 않든 다른 사람의 평가를 우선으로 의식한다는 점도 주목할 만하다. 이런 아이는 노력을 하면 바보 같아 보일까 봐 열심히 노력하는 것을 두려워한다. 또 어느 정도의 재능을 가지고 태어났다면 굳이 애써 노력할 필요가 없다고 믿는다. 재능을 타고났다는 칭찬을 계속 들어 온 아이는 정말로 열심히 해야 하는 상황을 만나면 '타고난 아이'라는 자신의 지위를 잃게 될까 두려워한다.

　반대로 성장형 사고방식을 가진 아이들은 새롭게 배우는 것에 관심을 보인다. 타고난 재능보다 노력에 집중하도록 격려받아 왔기 때문에 노력을 긍정적으로 인식한다. 성장형 사고방식은 능력을 키우고 자극한다. 이런 아이는 실패를 만나도 포기하지 않고 더욱 노력하고 다른 방법을 찾는다. 이것이 바로 회복력의 핵심이다.

어떤 칭찬이 아이를 움직일까

　심리학과 뇌과학 분야에서 대두되는 연구 또한 성장형 사고방식이 놀라운 성과를 만드는 실질적인 촉매 역할을 한다는 사실을 뒷받침한다. 연구 결과에 따르면 인간의 두뇌는 우리가 상상한 것보다 훨씬 더 변화에 유연하게 대처한다. 인간의 기본적인 능력은 나이가 들어서도 학습을 통해 향상될 수 있다는 것이다. 장애물을 만났을 때 이를 뛰어넘을 수 있는 성공의 비결은 포기하지 않고 지속적으로 노력하는 것이다.

　이건 진짜 놀라운 사실이다. 우리 주변의 고정형 사고방식을 가진, 똑똑하고 재능을 타고난 사람들을 떠올려 보라. 그들

중 얼마나 많은 사람이 잠재력을 제대로 발휘해 보지도 못하고 성공에 닿기도 전에 노력을 멈춰 버렸을까?

드웩과 동료들은 초등학생 5학년을 대상으로 칭찬이 아이의 행동에 어떤 영향을 미치는지를 알아보는 흥미로운 연구를 실시했다. 학생들에게 해결해야 할 과제를 제시하고, 그룹별로 과제에 대해 서로 다른 칭찬을 해 주었다. 어떤 그룹에게는 "너는 문제를 해결하는 활동에 재능이 있구나"(고정형 사고방식을 장려하는 말) 같은 칭찬을 건넸고, 다른 그룹에게는 "너는 이 문제를 해결하기 위해 열심히 노력했구나"(성장형 사고방식을 장려하는 말)라고 칭찬했다. 이후 아이들에게 '사람의 재능은 타고나는 것이라서 바뀌지 않는다'는 말에 동의하는지 물었다. 그 결과 본인의 재능을 칭찬받은 아이들이 노력을 칭찬받은 아이들보다 이 말에 훨씬 동의했다.

학생들에게 재능이 무엇인지 정의해 보라고 하자 두 그룹의 아이들은 서로 다른 답변 양상을 보였다. 재능을 칭찬받은 학생들은 재능이란 바뀌지 않는 것이라고 답한 반면, 노력을 칭찬받은 학생들은 재능이란 노력을 통해 더욱 발전할 수 있는 것이라고 답했다.

이후 학생들에게 어려운 문제와 쉬운 문제 중 골라서 풀 수 있는 선택권을 주었다. 재능을 칭찬받은 학생들은 어려운 문제보다 쉬운 문제를 골랐는데, 아마도 문제를 완벽하게 해결할 수 있다는 확신이 있기 때문이었을 것이다. 반면에 노력을 칭찬받은 학생들은 배움의 기회가 될 수 있는 조금 더 난이도 있는 문제를 골랐다. 잠시 후 모든 학생에게 어려운 문제를 제시했는데, 고정형 사고방식을 가진 학생들은 이내 자신감과 흥미를 잃어 버렸다. 그들에게 재능은 타고나는 것이기 때문에 성공을 위해 열심히 애쓰는 것은 본인의 재능을 의심하게 만드는 행동이기 때문이다. 반대로 성장형 사고방식을 가진 학생들은 어려운 문제 앞에서 자신감을 잃지 않았고 고민을 거듭하면서도 문제를 해결하겠다는 열의를 보였다.

다음으로는 쉬운 문제를 제시했다. 재능을 칭찬받은 학생들은 이미 어려운 문제에서 자신감과 동기를 잃었기 때문에 좋은 점수를 받지 못했다. 재능을 타고났다는 칭찬을 받은 그룹의 학생들은 처음과 같은 수준의 과제에서조차 전보다 저조한 결과를 보였다. 그러나 노력을 칭찬받은 학생들은 문제를 해결하는 능력이 점점 더 향상되었으며 전체적으로 훨씬 더 훌륭한 결과를 얻었다.

이 연구 결과에서 가장 흥미로운 부분은 익명으로 자신의 점수를 제출하라고 했을 때, 고정형 사고방식을 가진 그룹의 학생들은 자신의 점수를 실제 점수보다 40퍼센트 이상 높게 부풀려서 말했다는 점이다. 이 그룹의 학생들은 '나'라는 사람에 대한 이미지가 점수로 결정된다고 생각했기 때문에 낮은 점수를 인정하기를 꺼렸다. 반면, 성장형 사고방식을 가진 그룹의 학생들은 점수를 10퍼센트 정도 높여서 보고했다. 교내 학생들을 대상으로 한 연구에 따르면, 요즘 학생들이 이전 세대에 비해 높은 성적을 받기 위해 부정행위를 저지를 가능성이 높다고 한다. 고정형 사고방식에서 기인한 높은 성적에 대한 압박이 이러한 결과를 불러왔다.

부모는 아이의 타고난 재능을 칭찬해 주는 것이 아이의 자신감을 높여 줄 것이라 생각하지만 그렇게 자란 아이는 어려움에 직면했을 때 오히려 자신감을 잃고 만다. 아이의 재능을 칭찬하는 말은 성공에 필요한 동기나 회복력의 성장을 방해하고, 스트레스를 주는 위협적이거나 해로운 상황에 지나치게 민감하게 반응하게 만든다. 이와 반대로 노력, 과정, 참여, 인내, 계획, 개선 등에 관한 칭찬은 동기를 부여하고 회복력을 길러주는 좋은 방법이다. 과정을 칭찬해 주는 것은 성공을 위해 어떠한 노력을 했는지, 미래를 위해 무엇을 노력하면 좋을지에 집중하게 한다.

흥미로운 사실은, 최근 <뉴욕타임스> 기사에 의하면 오늘날 기업들에서도 고정형 사고방식을 가진 사람보다 성장형 사고방식을 가진 인재를 선호한다는 것이다. 성장형 사고방식을 가진 사람들은 팀워크를 다지고 스트레스를 받지 않으면서 도전적인 과제를 해결하는 데 능하기 때문에 당연히 환영받을 수밖에 없다. 재능을 타고나거나 고정형 사고방식을 가진 사람은 상대적으로 좀 더 자기중심적이고 조직 내에서 주목받기를 원한다. 하지만 최종적으로 기업을 대표하는 사람은 인내심과 회복력을 바탕으로 당면한 문제를 잘 해결해 내고 동료들에게 감사를 표현하며 부드럽게 어울릴 수 있는 사람이다.

과정을 칭찬하는 부모의 대화법

"퍼즐 맞추기가 쉽지 않았을 텐데 계속 다시 시도했구나. 정말 멋지네! 포기하지 않으니 결국 해냈구나!"

"네가 열심히 춤 연습한 게 느껴지더라. 정말 잘 추던데!"

"형과 과자를 나눠 먹는 모습을 보니 엄마는 네가 정말 자랑스러워. 엄마는 너희가 서로 배려하는 모습을 보면 정말 행복해."

"복잡하고 어려운 숙제였는데 포기하지 않으니까 결국 해냈어. 집중하고 노력하는 모습이 정말 자랑스럽다. 잘했어!"

진심을 전하는 육아를 위한 일상의 노력

1. 자신에게 솔직해지기

가장 중요한 건 자신에게 솔직해지는 것이다. 내 삶을 정직하게 바라보는 법을 배우자. 나의 진짜 감정과 느낌을 파악하고, 정확하게 정의할 수 있다는 건 굉장한 발전이다. 아이에게 감정에 솔직하고 자신을 속이지 않는 태도를 가르쳐 주는 건 아주 큰 선물이 될 것이다. 서로의 진심에 귀를 기울이고 내 생각과 감정을 표현하는 것이 모두를 행복하게 만들어 줄 것이다. 자신에게 솔직해진다는 것은 올바른 방향으로 나아가게 하는 내면의 나침반을 업그레이드하는 것이다.

2. 솔직하게 답하기

아이의 질문에 솔직하게 답하자. 물론 아이의 나이에 적절하고 아이가 이해할 만한 수준의 대답이어야 한다. 질문이 아주 까다롭더라도 솔직하게 답해 주어야 한다. 이는 삶의 모든 면에서 중요한 일이다. 부모는 때로 아이에게 거짓말을 하면서 아이가 진위를 구별하지 못할 거라고 생각하며 아이를 과소평가한다. 그러나 아이는 쉽게 말해 성능이 좋은 거짓말 탐지기다. 아이는 부모의 거짓말에서 불안정한 느낌을 감지해 낸다.

3. 부모의 어린 시절을 예로 들기

아이는 병원에서 두려운 마음이 드는 순간이나 어려운 상황을 마주한 순간은 물론, 자유로운 놀이 시간에도 부모의 어린 시절 이야기를 듣고 싶어 한다. 솔직하고 진심 어린 이야기일수록 관심을 보인다. 아이들은 부모의 이야기를 들으며 부모에 대해 조금 더 알게 되고, 화나고 두렵고 행복하고 슬픈 감정을 느끼는 게 자연스러운 일이라는 걸 깨닫게 된다.

4. 정직을 가르치기

가족 간에 정직하게 행동하는 게 얼마나 중요한지 아이와 이야기를 나누고, 정직을 중요한 가치로 정한다. 아이가 옳지 않은 행동을 했을 때 부모는 착한 행동을 하는 것보다 정직하게 행동하는 게 더 중요하다는 걸 아이가 깨닫게 해야 한다. 아이가 잘못을 했을 때 부모가 무서운 표정으로 아이를 책망하고 화를 내며 위협한다면 아이는 혼나는 게 무서워 진실을 제대로 말하지 않을 수 있다. 아이를 안심시키고 사실대로 말할 수 있게 해 준다면 아이는 정직하게 행동할 것이다.

나이가 몇이든, 있는 그대로 정직하게 고백하는 건 누구에게나 많은 시간이 필요한 일이며 저절로 이루어지지 않는다. 정직하게 말하고, 자신의 약점을 인정하고, 용기 있게 털어놓을 수 있는 아이로 자랄지는 부모가 어떻게 가르치느냐에 달려 있다. 아이를 평가해서는 안 된다. 서로 솔직하게 터놓고 얘기할 수 있는 관계가 형성되면 아이가 사춘기를 지날 때도 분명히 큰 도움이 될 것이다.

5. 다양한 감정을 다루는 동화책을 함께 읽기

아이에게 되도록 다양한 종류의 동화를 읽어 주자. 모든 동화가 해피 엔딩으로 끝나지 않더라도 괜찮다. 오히려 동화답지 않거나 조금 어려운 주제의 동화를 읽어 주는 것도 좋다. 나이에 맞는 수준이라는 전제하에, 슬픔을 다룬 동화책을 통해서도 아이는 많은 것을 배운다. 부모는 아이가 행복한 결말뿐 아니라 인생의 다른 여러 모습에 대해서도 마음을 터놓고 이야기를 할 수 있도록 도와야 한다. 또 인생의 굴곡을 간접적으로나마 경험하면서 삶을 살아가는 데 필요한 공감과 회복력, 감사함 등의 감정도 북돋아 주자.

6. 노력을 칭찬하기

가장 의미 있고 바람직한 칭찬은 횟수만 많은 칭찬이 아니라 한 번 하더라도 진심을 담은 칭찬이다. 칭찬할 때는 아이의 노력과 과정에 집중해야 한다.

"시험 준비를 열심히 하더니 좋은 성적을 얻었네! 자료도 여러 번 보고 스스로 문제를 만들어 퀴즈도 풀었구나. 정말 잘했어."

과정에 관한 다양한 칭찬을 시도하자. 칭찬도 연습할수록 는다. 과정을 칭찬하려고 노력하다 보면 더 능숙해질 것이다. '똑똑하다'처럼 재능을 칭찬하는 말이 아닌 아이가 얼마나 노력했는지에 중점을 두고 칭찬한다. 노력하면 할 수 있다는 사실을 배운 아이는 덕분에 시간이 지날수록 더욱 자존감이 높은 사람이 될 것이다.

7. 칭찬을 남발하지 않기

쉬운 일을 너무 대단한 일이라도 한 양 칭찬을 남발하지 않는다. 지나친 칭찬은 아이가 오직 빠르게, 쉽게, 완벽하게 과제를 끝냈을 때만 칭찬받을 수 있다고 생각하게 만들 수 있다. 이런 태도는 새로운 일에 적극적으로 도전하는 데에 도움이 되지 않는다. 만약 별다른 노력 없이 시험에서 100점을 받아왔다면 이렇게 말해 보자. "시험 문제가 너한테 너무 쉽다. 그치? 우리 조금 더 어려운 문제에도 도전해 볼까?" 우리의 목표는 아이가 쉬운 과제를 해결했을 때 칭찬받게 만드는 것이 아니기 때문이다.

8. 노력에 집중한 칭찬을 하고 솔직하게 표현하기

아이가 실수하거나 실패했을 때는 조심스럽게 반응해야 한다. 부모의 "잘했어!" "열심히 했으니까 괜찮아" 혹은 "다음에 잘하면 되지" 같은 말들을 아이가 동정으로 받아들일 수 있기 때문이다. 아이가 뭘 잘했는지, 어떻게 하면 다음번에는 성공할 수 있을지에 집중하자. "이번에 골이 거의 들어갈 뻔했는데 정말 아쉽다. 다음 주에 같이 나가서 연습하자! 연습하면 다음에는 골을 넣을 수 있을 거야. 연습하면 될 거라는 사실을 기억해!"
배우는 과정에서 들인 노력에 집중하여 칭찬하면 아이는 자연
스레 성장형 사고방식을 갖게 된다. 성장형 사고방식은 훗날
업무부터 인간관계에 이르기까지 삶의 모든 방면에서 유용하
게 힘을 발휘할 것이다.

9. 다른 친구와 자신을 비교하지 않도록 가르쳐 주기

아이들은 무언가를 했을 때 최선을 다했는지 아니면 더 잘할
수 있었는지를 배울 수 있어야 한다. 모든 걸 두루 잘할 수는
없지만, 할 수 있는 능력 안에서 만큼은 누구든 최고가 될 수
있다. 다른 사람들과 경쟁하는 게 아닌 최선을 다했는가에 집
중하는 사고방식은 건강한 삶을 살도록 돕는다.

10. '내 경우에는'이라는 말로 아이의 생각에 집중하기

'내 경우에는'으로 문장을 시작해서 어떤 상황에서 부모가 경
험한 바가 아이와 같을 필요는 없다는 점을 강조하자. 예컨대
음식이 너무 뜨거운 것에 대해서 아이와 말싸움을 할 때, 나에

겐 음식이 그리 뜨겁지 않을지 몰라도 아이에게는 뜨거울 수 있다는 걸 떠올리는 게 중요하다는 의미다. "내게는 이 음식이 별로 안 뜨거운 것 같은데"라고 얘기하는 건 아이에게 '내가 너를 이해할 수 있다'는 걸 인식하게 하는 것이다. 비슷한 예로 "안 추운데"라고 말하는 대신 "나는 안 추운데"라고 말할 수 있다. 이런 식으로 개인적인 경험을 존중해 주면 신뢰와 존경이 생겨나고, 아이 역시 자신의 경험을 인식하고 존중하게 된다.

4장

새로운 관점으로
바라보기

"아직도 눈이 내려."

이요가 우울한 목소리로 말했다.

"그러네."

"그리고 너무 추워."

"춥다고?"

"응, 너무 추워."

이요가 말했다.

푸는 가벼운 목소리로 말했다.

"그래도 요즘 지진은 안 나잖아!"

—《곰돌이 푸》A. A. 밀른

제시카가 덴마크인 남편과 자신이 아이를 대하는 방식에 차이가 있다는 걸 깨닫게 된 순간이 있다. 안 좋은 일이 생기면 엄마인 제시카는 최대한 빨리 그 상황에 대처하는 동시에 화가 잔뜩 나서는 "아, 정말 얘는 내 말을 지독히도 안 들어! 짜증 나!"라고 말하곤 했다. 하지만 남편은 제시카가 그렇게 화내는 순간에도 신중하고 차분하게 평정심을 유지하며 상황을 해결할 수 있는 말을 건넸다. 남편의 말은 희망이 없던 대화에 한 줄기 빛과 같은 역할을 했고, 놀라울 만큼 설득력이 있었다. 슬픔을 기쁨으로 덮을 줄 아는 남편 덕에 극단적인 상황이 좀 더 원만해졌다. 그 과정을 통해 분노는 점차 사그라들었고, 고통스러움도 훨씬 덜해졌다. 제시카는 남편의 가족과 지인들 역시 아이를 비슷한 방식으로 대한다는 사실을 알게 되었다. 대체 덴마크인들의 그런 교육 방식은 어디서 나오는 건지, 어디서 어떻게 배우게 된 건지 못내 궁금해졌다.

하루는 거미를 무서워하는 아이와 아이의 말을 섬세하게 바로잡아 주고 있는 남편의 대화를 엿듣게 되었다. 제시카는 듣는 순간 바로 알아챌 수 있었다. 지금 두 사람의 이 대화가 아이의 미래에 얼마나 큰 영향을 미치게 될지 말이다. 그날 아빠와 함께 거미에 관한 대화를 나누며 거미를 자세히 관찰했던 아이는 더 이상 거미를 무서워하지 않았다. 아이는 소리를 지르는 대신 거미의 생김새를 뜯어보며 감탄하기 시작했다. 제시카는 언어라는 도구를 적절히 사용한 덴마크 교육법의 진가를 알게 되었다. 덴마크 교육법은 단순히 언어를 사용하는 데에서 그친 것이 아니라, 생각을 전환하는 수단이 되었다.

오랜 고정관념에서 벗어나기

인생을 바라보고 매일의 경험을 받아들이는 방식에 따라 각자 느끼고 생각하는 바가 다르다. 그러나 대부분의 사람들이 자신이 실제로 사물을 바라보는 방식이 무의식적인 선택의 결과라는 사실을 알지 못한다. 우리는 삶에서 내가 인지하는 정보가 진실이라 믿는다. 우리의 인식이 부모와 사회로부터 전해받은 학습된 결과물이라고 생각하지도 않는다. 우리가 사물을 바라보는 방식이 특정한 시선에 의해 얻게 된 인식임에도 그것이 사실이라고 믿어 버린다. 이렇게 설정된 방식의 사실을 '관점frame'이라고 하며 이 관점을 통해 세상을 바라보는 것이 '인식'이다.

하지만 만약 이전과 다른 새로운 관점으로 진실을 볼 수 있다면 어떨까? 만약 진실이라고 믿는 것을 좀 더 넓고 편견 없이 열린 관점의 틀에 넣어 벽에 걸어 놓는다면 어떤 일이 일어날까? 새로운 틀에 넣은 그 그림이 진실이라고 규정한다면?

지금 미술관에 있다고 상상해 보자. 그림 한 점이 벽에 걸려 있고, 큐레이터는 그림의 굉장히 사소한 디테일을 설명해 주고 있다. 그 말을 들으며 당신은 그 그림에 대해 미처 알지 못했던 사실들을 하나씩 알아가기 시작한다. 당신이 방금 새롭게 알게 된 그림의 디테일은 새로 생겨난 것이 아니다. 이미 그림에 있던 것이지만 그림의 주제가 확실하게 드러나는 부분에만 집중하느라 지금껏 보지 못했던 것뿐이다. 짜증스러워 보이는 남자와 무기력한 표정의 여자가 그려진 그림은 언뜻 보기에 그저 칙칙할 뿐이다. 당신은 그 그림을 보면서 다소 어둡고 우울한 그림이라 결론을 내렸을 것이다.

당신이 다음 그림을 보기 위해 이동하려는 순간, 큐레이터의 설명을 통해 그 그림 속에 당신이 알아채지 못했던 또 다른 이야기가 표현되어 있다는 사실을 깨닫게 된다. 다시 그림을 자세히 들여다보니 어두워 보이는 두 사람 뒤편의 창문으로 선물을 들고 있는 즐거운 표정의 사람들이 보인다. 남자가 짜증스러워 보였던 건 개가 그를 물고 있었기 때문이고, 여자는 무기력했던 게 아니라 그를 도와주려는 중이었다. 이전에 미처 보지 못했던 배경에는 환하게 웃고 있는 아이들이 보이고, 창문을 통해 새어 들어오는 빛이 신비로운 느낌을 만들어 내고 있다.

분명히 같은 그림임에도 불구하고 이전에는 발견하지 못했던 주목할 만한 새로운 요소들이 속속 보이기 시작한다. 이렇게 같은 대상을 다른 각도에서 접근해 바라보면서 새로운 사실을 발견하는 경험은 흥미로운 일이다. 이제 그 그림에 대한 당신의 생각은 처음과는 완전히 달라졌다. 다른 사람과 그림에 관한 대화를 나눈다면 그 내용도 이전과는 다를 것이다. 보이지 않던 무언가를 다른 관점에서 바라봄으로써 새로운 걸 발견해 내는 일은 연습하다 보면 점점 덜 어려워지고, 더 나아가 당신만의 능력이 된다. 그리고 당신은 이제껏 보지 못했던 사실을 먼저 발견해 내고 다른 이들을 안내할 수도 있게 될 것이다.

그림의 예를 일상의 문제에 적용해 보자. 집 안에서의 골치 아픈 문제, 직장에서의 갖가지 문제, 사춘기 아이와의 관계에서 오는 스트레스 등을 새로운 관점으로 바라보는 능력이 실제로 내 삶에 도움이 될까? 정답은 '그렇다'다. 대단히 그렇다. 확실히 그렇다! 이는 덴마크 사람들이 이미 수백 년간 지속해 온 일이기도 하다.

덴마크 부모는 아이에게 '새로운 관점으로 바라보기'라는 매우 귀중한 삶의 기술을 일찍부터 가르친다. 이런 가르침을 통해 아이는 새로운 관점으로 바라보는 걸 어려워하지 않고 자연스럽게 활용할 줄 아는 성인으로 성장한다. 새로운 관점으로 바라보는 것이야말로 회복력의 기본이다.

춥거나 덥거나 흐리거나 비가 내려 날씨가 그다지 좋지 않은 날, 덴마크인에게 오늘 날씨에 대해 물어보면 그들은 별 고민 없이 이렇게 대답할 것이다.

"제가 오늘 회사에서 일하고 있으니 좋은 날씨죠!"
"오늘 휴가가 아니라 다행이에요."
"오늘 저녁엔 가족들과 함께 집에서 시간을 보내면 되겠네요."

"세상에 나쁜 날씨는 없어요. 나쁜 옷이 있을 뿐이죠!"

덴마크 사람들과 대화를 나눌 때 그 주제가 무엇이건 부정적인 면을 들추는 말을 건네 보자. 아마 같은 상황과 주제에도 얼마나 다양하게 긍정적으로 생각해 낼 수 있는지를 들으면 당황스러울 것이다. 예를 들어 "오늘이 벌써 휴가 마지막 주말이네. 아, 너무 아쉽다"라고 하면 덴마크 사람들은 "그렇긴 해. 그런데 오늘은 우리 남은 생의 첫 번째 주말이기도 하잖아!"라고 답할 것이다. 대단한 능력이다.

덴마크 사람들이 지나치게 긍정적인 관점을 가지고 삶을 포장한다고 말하고 싶은 게 아니다. 덴마크 사람들은 '모든 게 너무 환상적이야'라는 말을 입에 달고 사는, 낙관주의에 취해 굉장히 행복하다고 자부하며 가식적인 미소를 짓는 부류의 사람들이 아니다. 덴마크 사람들은 모든 게 다 행복하다고만 생각하거나 가식적으로 행동하지 않는다. 그저, 똑같은 사실이지만 이전에는 미처 생각해 보지 못한 다른 면을 오히려 더욱 사실적으로 설명할 줄 아는 것뿐이다. 사람을 볼 때도 그렇다. 상대의 단점보다는 장점에 집중한다. 논란이 되는 상황에서 한 가지 관점에 갇히기보다 전체에 초점을 맞추어 바라본다. 덕분에 일반적으로 더욱 너그러운 태도를 취한다. 심리학자들은 이런 덴마크 사람들을 '현실적 낙관주의자'라고 부른다.

현실적 낙관주의자는 가면을 쓴 듯 가식적인 미소를 짓는, 지나치게 낙관적인 부류와는 다르다. 보통 낙관주의자는 인생이 완벽하다고 주장하기 때문에 가식적으로 보이는데, 현실적 낙관주의는 다른 의미다. 매사를 지나치게 낙관적으로 바라보는 방식은 세상을 과도하게 부정적이고 냉소적으로 바라보는 것만큼이나 문제가 된다. 과도하게 부정적인 사람들은 긍정적인 면을 보지 못하고 부정적인 면에만 집중하기 때문에 점점 더 우울해진다. 반면 지나치게 낙관적인 사람은 부정적인 면을 제대로 보지 못하기 때문에 부정적이지만 기억해야 할 중요한 사실조차 놓치고 만다. 실제로 문제가 있는 상황임에도 무조건 모든 게 괜찮다고만 생각하는 건 몹시 위험한 행동이다. 문제를 대수롭지 않게 여기면 상황이 더 안 좋아질 수 있다. 이는 3장에서 이야기한 자기 자신을 속이는 행동과도 관련이 있다.

현실적 낙관주의는 현실을 충분히 직시하되 조금 더 좋은 면을 바라보자는 관점에 가깝다. 현실적 낙관주의자는 중요하지 않은 부정적인 정보를 걸러낸다. 부정적인 언어와 상황을 무시하고, 애매한 상황이라면 긍정적인 방식으로 해석하는 습관을 길러 왔다. 덴마크 사람들은 상황을 좋다 나쁘다로 단순하게 구분하지 않는다. 극단적이고 이분법적인 방식 대신 그 둘 사이에 존재하는 수많은 다양하고 섬세한 면을 본다. 이미 벌어진 상황에서 조금 더 긍정적인 면에 집중하고 절충안을 찾아냄으로써 걱정과 불안을 줄이며 한결 마음을 안정시키는 데에 집중한다.

새롭게 바라보는 능력

미국의 많은 기업에서 직원들에게 정보를 재해석하고 다르게 바라보는 방식을 가르친다. 이러한 능력이 회복력과 긴밀히 연결되어 있기 때문이다. <하버드 비즈니스 리뷰>에서 적응형 학습 시스템Adaptive Lerning System 설립자 딘 베커Dean Becker는 "얼마나 배우고 경험하고 훈련했느냐보다 중요한 건 얼마나 회복력을 가졌느냐이며, 이것은 언제 어디서든 성공과 실패를 좌우한다"고 말했다. 부정적으로 느껴지는 상황에서 다른 관점으로 바라볼 수 있는 능력은 이러한 회복력의 핵심이다.

연구에 따르면, 사람들은 일반적으로 더 나은 감정을 느끼기 위해 어떤 사건을 의도적으로 재해석할 때 부정적인 감정 처리와 관련된 뇌 영역의 활동이 감소하며, 인지적 통제(내적 목표에 따라 사고와 행동을 인도하는 것-옮긴이)와 적응성 통합과 관련된 뇌 영역의 활동이 증가한다고 한다.

이 연구에서는 참가자들을 두 그룹으로 나누어 양쪽 그룹 모두에게 화난 표정의 그림을 보여 줬다. 첫 번째 그룹 참가자들에게는 그림 속의 사람은 그저 운이 나쁜 하루를 보내서 화가 난 것뿐이라고 말했다. 두 번째 그룹의 참가자들에게는 화난 표정의 사람이 지금 어떤 감정을 느끼고 있을지 생각해 보라고 했다. 연구 결과는 흥미로웠다. 화가 난 표정에 대한 반응을 조정하도록 훈련된 첫 번째 그룹의 참가자들은 그림 속 사람의 화난 표정으로 인한 감정적인 변화가 없었으며, 실제로 두뇌 활동을 보여 주는 뇌파 기록에서도 부정적인 신호가 사라졌다. 반면 느껴지는 대로 생각하라는 지시를 받은 두 번째 그룹의 참가자들은 그림 속 사람의 표정에 따라 감정이 달라졌다. 사람은 생각하는 대로 느낀다.

스탠포드 대학에서 진행한 또 다른 연구에서는 공포증이 있는 참가자들을 거미와 뱀에 노출시켰다. 1번 그룹의 참가자들은 지난 경험을 다르게 바라보도록 훈련받았고, 2번 그룹의 참가자들은 사전에 아무것도 통제하거나 지시받지 않은 상태였다. 1번 그룹의 참가자들은 2번 그룹의 참가자들에 비해 거미와 뱀을 마주했을 때의 공포가 상당히 감소하였고, 이후 같은 실험을 다시 진행했을 때 사전에 훈련받았던 감정적 반응의 결과가 지속되었다. 이 실험은 인지적인 관점의 변화가 지속적인 효과를 보인다는 사실을 알려 준다.

관점을 바꾸는 건 우리 뇌의 화학적 변화뿐만 아니라 사람의 통증, 공포, 불안과 같은 감정을 해소하는 방식에도 직접적인 도움을 준다. 또 관점의 변화는 머릿속으로 생각만 하든 실제 소리 내어 말하든 우리가 사용하는 언어와도 밀접한 관계를 맺고 있다.

언어를 억지로 제한하지 말자

그런 이유로 언어를 제한하면 역효과를 불러오게 된다. "나는 비행기 타는 게 너무 싫어" "나는 요리를 정말 못해" 혹은 "나는 너무 의지가 약해. 그래서 이렇게 뚱뚱하잖아" 같은 말들이 바로 제한된 언어의 예다. 이런 말을 대신하여 "나는 비행기에서 내리기만 하면 본격적으로 여행을 즐길 거야!" "나는 요리할 때 레시피를 참고하는 편이야" "나는 요즘 최대한 많이 걷고 건강한 음식을 챙겨 먹으면서 조절하고 있어" 같은 말을 사용하면 상황을 완전히 다른 방식으로 바라보게 된다. 이런 언어는 너무 어둡거나 너무 밝지도 않으면서 덜 조심스럽고, 확연히 다른 느낌을 준다. 알다시피 우리가 사용하는 언어는 선택의 결과물인데, 이 선택의 결과로 우리가 세상을 어떻게 바라보는가가 결정되기 때문에 굉장히 중요하다. 그래서 관점을 바꾸어서 내뱉는 말을 조금이라도 더 이롭고 제한하지 않는 쪽으로 사용한다면 우리가 느끼는 방식 또한 변화시킬 수 있다.

관점을 바꾸어 새롭게 바라보려는 덴마크 사람들의 경향이 정확히 어디서부터 시작되었는지는 확실치 않다. 현실적 낙관주의는 덴마크 문화에서는 기본 설정값처럼 평범한 요소로 부모 세대에서 다음 세대로 자연스레 전달되고 있다. 덴마크 사람들은 이런 큰 선물을 가지고 태어났다는 사실을 잘 모르고 있지만, 이러한 능력은 덴마크인과는 떼어 놓고 생각할 수 없다. 덴마크인이 오랜 시간에 걸쳐 세계에서 가장 행복한 국민으로 뽑히는 이유가 바로 여기에 있다고 확신한다.

관점의 변화를 아이에게 적용하기

관점을 변화시키는 건 아이가 '할 수 없는 것'에 집중할 때 '할 수 있는 것'으로 초점을 전환하도록 돕는다. 어른이 나서서 아이가 같은 상황을 다른 관점에서 보도록 돕고, 조금 덜 나쁜 결과에 집중하게 한다. 이렇게 관점을 바꾸는 연습을 거듭하다 보면 부모와 아이 모두에게 이런 능력이 '기본값'이 될 수 있다.

예를 들어 일상에서 부모나 아이가 "나 이런 거 너무 싫어" "나는 못하겠어" "이건 내가 잘 못하는 건데"와 같이 제한적인 언어를 사용하다 보면 부정적인 생각이 떠오를 수밖에 없다. 그리고 부정적인 느낌이 자리 잡기 시작하면 점차 지금 모든 걸 잘못하고 있고, 아무것도 잘하는 게 없다고 확신하게 된다. 다양한 곤란한 상황에서 지나치게 단정 짓거나 부정적인 말을 들은 아이는 자신의 능력을 신뢰하기 어렵다. 어떻게 행동해야 하는지, 어떻게 생각해야 하는지에 관한 제한적인 언어를 듣게 된 경우에도 마찬가지다. "우리 애는 운동을 정말 못해" "우리 애는 너무 지저분해" "우리 애는 너무 예민해" 같이 단정하는 말을 자주 들을수록 아이는 스스로에게 좋지 않은 평가를 내리기 시작한다.

이런 상황을 해결하기 위해서는 아이에게 다양한 상황에 관한 이야기를 들려주는 것이 효과적이다. 더욱 새롭고, 다양하고, 해석의 여지가 충분한 상황으로 바라볼 수 있도록 이끌어주면 아이를 둘러싼 환경이 자연스럽게 아이의 관점이 변화하도록 돕는다. 이런 능력은 아이가 인생을 바라보고 느끼는 관점뿐만 아니라 타인을 바라보고 해석하는 데에도 영향을 미칠 것이다.

이야기 심리치료사인 이벤은 관점의 변화에 초점을 맞추고, 부모가 무의식중에 아이에게 잘못된 믿음을 심지 않도록 노력을 기울여야 한다고 말한다. 부모에게서 "너는 사회성이 떨어지는 편이야" "너가 똑똑하지는 않지" "너는 수학에 약해" "너는 너무 이기적이야"와 같은 말을 들은 아이는 그 말에 담긴 내용과 자신을 동일시하며 정당화한다. 아이는 이런 식의 부모의 말을 생각보다 훨씬 많이 듣고 있을 것이다. 그러면서 자연스레 부모의 말이 맞고, 나는 부모가 말한 바와 같은 사람이라고 믿게 된다. 새로운 행동이 자신에게 붙은 수식어와 어울리지 않는다고 느껴지면 아이는 이해하거나 노력하려 하지 않는다. 이미 자신을 사회성이 떨어지고, 부끄럼이 많으며, 수학에는 형편없는 사람이라고 결론 내렸기 때문이다.

말은 힘이 아주 세다. 우리는 언어라는 틀로 자신과 세계를 바라보고 생각한다. 덴마크의 저명한 심리학자 알렌 홀름그렌 Allan Holmgren은 우리가 사용하는 언어가 우리의 현실을 만든다고 말했다. 모든 변화는 언어의 변화를 수반한다. 문제라는 건, 그것이 문제라고 일컬어질 때 비로소 문제가 되는 법이다.

수식어의 힘

아이를 둘러싼 수식어와 별명은 아이가 어른이 될 때까지 따라다닌다. 우리가 스스로를 평가하는 말 중 대부분은 어렸을 때 나를 정의한 수식어에서 나온 것이다. 생각해 보라. 나는 어떤 사람이라고 생각하는지, 그리고 그중 몇 개 정도가 어렸을 때부터 듣던 말인지 말이다. 대다수가 자신에게 붙은 수식어대로 사는 경향을 보이며, 계속해서 이런 수식어들과 자신을 무의식적으로 비교하며 살아간다. 수식어와 자신을 분리하는 노력을 통해 부모와 아이를 변화시키는 새로운 길을 열 수 있다.

요즘은 의사의 정확한 진단 없이도 내 아이가 어떤 면에서 장애가 있는 것 같다느니 하는 말을 듣는 일이 어렵지 않다. 아이에게 심리적, 정신적인 문제가 있다는 듯한 표현을 별일 아닌 것처럼 말한다. 부끄럼을 많이 타는 내성적인 성향의 아이에게는 아스퍼거 증후군을 갖다 붙이고, 에너지가 넘치는 활발한 아이에게는 ADHD(주의력 결핍 과잉행동 장애)라는 수식어를, 잘 웃지 않는 아이에게는 우울증 증상이라고 말해 버린다. 또 조용한 아이는 감각처리 장애가 있다고 할 정도다.

부모와 아이 모두 심각하게 걱정을 하면서도 의사와의 상담이나 정확한 진단 없이 아이에게 그런 꼬리표를 붙이는 게 아이의 인생에 얼마나 심각한 영향을 미치게 될지 생각하면 상당히 우려스럽다.

심리 장애나 신경 장애가 있다는 말을 배가 고프다거나 춥다는 말처럼 아무렇지 않게 뱉는 건 매우 큰일이다. 실제로 장애를 가진 환자의 심각성을 경시하는 동시에 아이에게 부적절한 수식어를 붙이는 일이기 때문이다. 그런 수식어를 반복해서 듣고 자란 아이는 수식어와 자신을 연결 짓기 시작하고, 그 말에 기반하여 본인의 정체성을 확고히 한다. 이러한 말들은 아이 인생을 대변하게 되고, 아이는 틀에서 헤어나오기 어려워진다. 결국 부모는 나와 아이의 부정적인 면을 반복하여 말함으로써 결코 좋지 않은 상황을 더 크게 키우는 것과 진배없다. 하지만 희망적인 사실은, 관점을 변화시키려는 노력을 통해 부모와 아이의 미래를 바꾸는 것이 가능하다는 것이다.

아이의 꼬리표를 떼어 버리자

이벤은 자신의 경험을 통해 부모와 아이를 따라다니는 꼬리표를 떼는 방법을 설명한다. 이벤은 삶이 불행하다고 느끼는 사람이 상담을 하러 오면 그가 스스로에 관한 이야기를 하도록 유도한다. 내담자가 자신에게 가지고 있는 부정적인 생각과 꼬리표에 대해 얘기하도록 한 후에 그런 부정적인 수식어들로부터 그 사람을 떼어 놓으려 노력한다.

한번은 환자가 상담 중에 본인이 너무 게으르고 산만해서 인생을 망치고 있다고 말한 적이 있었다. 이벤은 그녀에게 게으르고 산만하다는 수식어가 본인에게 어떤 감정을 불러일으켰는지 물었다. 환자는 그 수식어 때문에 끔찍한 기분이 드는데, 특히 무엇을 잊어 버렸거나 잃어 버렸거나 늦잠을 잤을 때 더욱 그렇다고 대답했다. 이런 행동들 때문에 기분이 상하고, 게으르고 산만한 행동을 반복할 때면 무기력한 낙오자처럼 패배감을 느끼기도 했다. 그럴 때마다 무의식적으로 '나는 게으르고 산만해'라고 되풀이하게 되어서 그녀의 일상 여기저기에 영향을 끼친다는 것이다.

이벤은 문제에서 사람을 분리하는 언어를 사용하기 시작했다. 게으름이라는 것은 유전적인 기질이 아니라 다양한 상황 속에서 영향을 받을 수 있는 요소다. 사람을 그 사람의 문제로부터 분리하기 시작하면 문제와 맞서는 보다 적극적인 삶의 주체가 된 사람이 보인다.

이벤은 그녀에게 게으름이라는 수식어를 구체적인 모습으로 떠올리고 묘사하게 하면서 몇 가지 질문을 건넸다. 게으름이 당신의 인생을 우울하게 하나요? 게으름이 당신을 짓누르는 느낌이 드나요? 게으름을 피울 때 어떤 기분인가요? 환자는 게으름을 떠올리면 누군가가 그녀를 힘껏 눌러서 주저앉히는 느낌이 든다고 말했다. 무거운 공기가 그녀를 마비시키고 기상 알람을 끌 수 없게 만들었다. 그녀가 게으름을 박차고 무언가를 시작하기 위해 지도를 보려 하면 안개가 자욱하게 꼈고, 운동을 하려고 할 때마다 나타나 그녀를 눌러 앉혔다. 그녀에게 게으름은 스스로가 불성실하고 무능하고 한심한 사람이라고 느끼게 만드는 것이었다.

이번에는 게으름이 아닌 다른 감정에 대해 이야기하기 시작했다. 환자가 마음에 들어 하는 자신의 모습에 대한 대화였다. 만약 게으름이라는 답답하고 무거운 공기를 없앨 수 있다면 그녀의 인생이 어떤 모습이면 좋을지 얘기를 나누었다. 그러고 나서 과거의 경험을 바탕으로 환자의 또 다른 인생에 관해 이야기했다. 이 과정에서 이벤은 환자가 놀라울 정도로 뛰어난 사회성과 창의력을 가지고 있음을 알게 되었다. 그녀는 재미있고 의리 있는 사람이었다. 요리와 음악에 일가견이 있으며 게으름이라는 말과는 전혀 어울리지 않게 풍부한 경험을 가진 사람이었다. 두 사람은 그런 다른 경험을 나누면서 게으르고 산만한 부정적인 면에 집중하지 않고 환자의 삶에서 강화되기를 바라는 가치와 능력에 집중했다. 좋은 점에 집중하면 할수록 그녀는 자기 자신을 더욱 좋아하게 되었고, 스스로에 대한 이야기를 사랑하기 시작했다. 조금씩 더 새로운 방식으로 자신을 바라보자 이전보다 훨씬 단단하고 창조적이며 믿음직한 사람으로 변해 갔다. 또 인생을 바라보는 관점과 정체성에 있어서도 자신의 관점을 변화시킬 힘을 갖게 된 듯했다.

이러한 시도를 통해 그녀가 뱉은 말들이 곧 내면의 언어가 되었다. 이제껏 그녀를 힘들게 만든 문제들은 그저 문제로 남았고, 그녀는 이전과는 다른 사람이 되었다. 다시는 스스로를 게으르고 산만한 사람으로 생각하지 않을 것이었다. 단정 짓는 말의 힘은 생각보다 훨씬 강력하다.

관점을 변화시키고 다른 수식어를 찾는 과정은 단순히 부정적인 면을 지워 버리는 것이 아니다. 부정적인 면에 덜 집중하는 대신 좋아하고 긍정적인 면에 초점을 맞추는 것이다. 이 장의 초반에서 다른 관점에서 그림을 바라본 예처럼 기존의 관점을 바꾸는 일은 우리가 보다 큰 그림을 보고, 긍정적인 다른 요소에 집중할 수 있게 한다. 이 모든 과정은 아이에게도 똑같이 적용된다. 부모는 아이에게 아이가 가진 보다 좋은 점과 긍정적인 면을 알려 주고 더 좋은 수식어를 제시해 주는 안내자임을 기억하자.

제한적 언어를 멈추는 법

"얘는 편식이 너무 심해."
"너는 요즘 통 책을 안 읽더라."
"왜 이렇게 말을 안 듣니?"

부모가 아이의 행동에 대해 무심코 뱉는 이런 말들은 아이의 행동을 결정짓는다. 사실 인간의 모든 행동의 이면에는 감정과 기분이 포함되어 있다. 그렇기 때문에 행동은 상황에 따라 기복이 있을 수 있다. 아이가 피곤했거나 무언가 때문에 화가 잔뜩 나 있었을 수도 있는 것이다. 아이의 행동과 아이 자체를 분리할 수 있어야 부모가 아이를 보는 시선과 아이가 자신을 바라보는 시선이 바뀔 가능성이 크다. 그렇게 되면 아이는

'나'라는 사람이 이상한 게 아니라는 사실을 인지하고, 본인이 방금 한 이상한 행동이 어쩔 수 없게 타고난 것 때문이 아님을 깨닫게 된다. 앞에서 살펴보았듯 아이에게 붙인 수식어는 자기충족적 예언이 될 수 있기 때문이다.

　고집이 센 아이를 예로 들어 보자. 처음에는 아이를 대하기가 상당히 어려울 수 있다. 하지만 아이의 모습을 넓게 바라보면서 아이를 그렇게 행동하게 만든 이유를 찾기 위해 노력해야 한다. 아이가 얼마나 고집이 센지 말하며 문제 삼는 대신 아이의 다른 면에 집중하자. 어쩌면 밥 먹기 싫다고 고집을 부리는 지금의 이 아이는 좀 전에 과자를 먹어서 배가 고프지 않을 수 있다. 옷을 자기 마음대로 엉망으로 입겠다고 떼쓰는 지금의 저 아이는 옷이 지독히 마음에 들지 않거나 양말을 왜 신어야 하는지 이해하지 못하는 것일 수도 있다.

　그렇다면 아이는 왜 이런 식으로 고집을 부릴까? 어쩌면 고집은 아이가 유달리 근성이 있고 결단력도 있으며 탁월한 리더십을 가졌음을 보여 주는 단서일 수도 있다. 고집은 우리의 삶을 멀리 이끌어 주는 굉장히 강력한 특성이다. 집중하기 힘들어하는 다소 산만한 아이는 사실 굉장히 창의적이고 예술적인 아이일 수 있는 것처럼 말이다.

　부모라는 존재는 아이가 그다지 바람직하지 않은 행동을 하는 순간에도 긍정적인 측면에 대해 이야기 나누고 발전시키면서 아이가 자신의 긍정적인 면을 보도록 도울 수 있다. 이 과정을 통해 부모와 아이 간의 주도권 싸움을 멈추고 한층 더 행복한 관계를 만들어 갈 수 있다.

덴마크식 '관점의 변화'

덴마크 사람은 제한하는 언어를 쓰지 않으려 노력하는 동시에 다양한 상황에서 어떻게 행동하고 생각해야 하는지 아이에게 일일이 이야기해 주지 않는다. 얼마나 많은 어른의 말이 아이의 기억에 남는지 모를 것이다. "그렇게 하면 안 돼." "울지 마." "왜 기뻐하질 않니?" "어머, 쟤는 너무 예의가 없네." "다음에는 친구한테 그렇게 말해 봐!"

덴마크의 부모들은 아이가 자신의 행동과 감정을 더 잘 이해할 수 있도록 돕는 격려하는 언어를 사용한다. 예를 들어 아이가 화가 나 있다면 지금 뭘 어떻게 해야 하는지 알려 주는 대신 아이가 지금 왜 그런 감정이 드는지 이해할 수 있도록 도우려고 노력한다.

"무슨 일 있어?"

"아니요."

"무슨 일이 있어 보이는데, 맞지?"

"사실 맞아요."

"무슨 일인데?"

"잘 모르겠어요."

"슬퍼? 화났어? 짜증 나?"

"슬픈 것 같아요."

"왜 슬픈 것 같은데?"

"아까 자유시간에 게리가 내 인형을 가져가서요."

"게리가 인형을 가져갔구나. 왜 게리가 네 인형을 가져갔을까?"

"게리는 나쁜 애니까요."

"게리가 나쁜 애인 것 같아? 게리는 항상 나빴니?"

"네."

"근데 지난주에는 게리랑 재미있게 놀았다고 했잖아."

"네."

"그때도 게리가 나쁘게 굴었어?"

"아니요."

"그러면 게리가 항상 나쁜 친구는 아닌 거네."

"네. 가끔은 좋은 친구예요."

덴마크 부모들은 아이가 자신의 감정을 구체화하는 걸 돕는 데에 능숙하다. 아이가 처한 상황과 상대에 대한 부정적인 인식에 머물게 두기보다는 그 안에 담긴 보다 건설적이고 긍정적인 요소를 발견하도록 안내한다. 이게 관점 변화시키기의 핵심이다.

"게리가 인형을 가져갔을 때 너는 어떻게 했어?"

"울었어요."

"게리가 인형을 마음대로 빼앗아서 속상했구나. 이제 엄마가 네가 왜 속상했는지 알겠어. 그런데 말야, 속상한 마음이 들었을 때 우는 것 말고 다른 방법은 없었을까?"

"달라고 하거나 선생님께 얘기하면 될 것 같아요."

"그래, 엄마 생각에도 게리에게 인형을 다시 돌려 달라고 하는 게 좋은 방법인 것 같아. 게리는 인형을 갖고 노는 걸 좋아하니?"

"가끔요."

"그러면 게리에게 인형을 돌려 달라고 하는 것 말고 할 수 있는 또 다른 방법은 없을까?"

"같이 인형을 갖고 놀면 될 것 같아요."

"와, 좋은 생각이네. 게리는 원래 좋은 아이니까 다음에는 게리에게 같이 인형을 가지고 놀자고 해 보면 어떨까?"

"좋아요!"

　같은 상황에서 조금 더 긍정적인 면을 찾는 것은 사람 사이의 관계에서만 위력을 발휘하는 것은 아니다. 맞닥뜨린 상황을 살펴보며 다른 관점으로 바라보면서 조금 더 도움이 될 만한 숨겨진 디테일한 면을 찾는 일은 거듭 연습하면 훨씬 더 수월해진다. 더 나아가서는 이런 과정이 재미있어지기도 한다. 아이가 긍정적인 면을 발견하면 그 점을 기억할 수 있도록 반복해서 들려주는 것이 좋다. 하지만 최종적인 해결책은 결국 아이 스스로 고민해서 나오는 것이어야 한다. 이런 과정을 통해 아이는 자신의 감정을 잘 이해하게 되며 아이 내면의 진정한 자존감이 높아진다. 그래서 부모는 아이에게 어떻게 느끼고 행동해야 하는지 말해 주는 것을 삼가는 것이 좋다.

　사람의 행동을 사람 자체와 분리하고 모든 사람이 지닌 내면의 선함을 기억하자. 이는 실수하더라도 용서받을 수 있다는 사실을 아이에게 가르치는 과정이다. 만약 아이에게 게리는 이상하고 나쁜 아이라고 말했다고 가정해 보자. 아이는 그 말을 마음속에 담아 둘 것이다. 그리고 언젠가 아이가 게리와 비슷한 잘못을 했을 때 자신도 게리처럼 이상하고 나쁜 아이라는 평가를 받을 거라 생각하게 된다. 우리가 아이에게 다른 사람을 믿고 용서하는 모습을 보여 주는 것은 누군가 아이에게 잘못하더라도 용서해 줄 수 있다는 걸 알려 주는 것이다. 사람은 누구나 실수하며 살아간다. 실수가 벌어진 상황에서 보이지 않는 또 다른 진실이 숨어 있을 수 있음을 기억하면 아이가 실수를 했을 때 자신에게 조금 더 관대해질 것이다.

관점을 바꾸는 또 다른 방법은 유머를 사용하는 것이다. 아이가 축구 경기에서 시원찮은 플레이를 하고는 시무룩한 얼굴로 다가와서 "나는 축구를 너무 못해"라고 말하면 대부분의 부모는 "아니야, 정말 잘했어! 제일 잘하던데? 오늘은 하필 잔디가 너무 미끄러웠네. 다음에는 반드시 이길 거야"라고 말해 줄 것이다. 하지만 유머를 활용해 관점 바꾸기를 유도하는 덴마크식 대화는 이런 느낌이다.

"나 오늘 축구 너무 못했어요."

"어머! 다리가 부러졌어?"

"그건 아닌데요, 어쨌든 엉망이었어요."

"다리가 부러진 건 아니구나. 그치? (다리를 확인하며) 봐봐, 멀쩡하네!"

"하하, 근데 나는 아무리 봐도 축구에는 재능이 없는 것 같아요.

그만둘래요. 재미없어요."

"재미없다고? 그래, 오늘 경기에서 네 컨디션이 별로 안 좋았던 거 같아. 근데 너 지난주에는 경기에서 두 골이나 넣었던 것 기억하지?"

"그렇지만…."

"두 골이나 넣었을 때 기분이 어땠어?"

"정말 좋았어요."

"그때 엄청 좋아서 춤추고 뛰어다녔던 것도 기억나지? 그때도 축구가 재미없었어?"

"아니요."

"맞아. 지난주에 얼마나 좋았는지를 생각해 봐. 다음번 경기에서 더 잘 뛰려면 어떻게 하면 좋을까?"

"더 많이 연습해야겠죠?"

"그래, 그러면 우리 다리도 안 부러졌으니 즐거운 마음으로 피자 먹으러 갈까?"

"네! 다음번엔 더 잘할 거예요."

이 대화에서 부모는 아이가 축구를 잘하지 못했다는 사실을 굳이 피하려 하지 않았다. 부모는 유머를 사용해서 얼마나 더 나쁜 상황이 벌어질 수 있었는지 아이가 스스로 깨달을 수 있도록 도왔다. 뿐만 아니라 지난주에 기분이 좋았던 긍정적인 상황을 떠올리게 유도했다. 이게 바로 현실적 낙관주의의 핵심이다. 현실을 있는 그대로 인정하고 받아들이되 불필요하고 중요하지 않은 부정적인 단어를 배제하고 유머를 활용해 나쁜 감정보다는 긍정적인 감정에 집중하도록 하는 것이다. 부모가 아이의 행동에서 긍정적인 면을 바라보기로 했다면 이미 아이에게 자신의 남다른 점을 다룰 도구를 쥐여 주는 것과 같다. 이 모든 건 부모가 어떤 관점으로 상황을 바라보느냐에 달려 있다. 이 모든 것은 연습을 거듭할수록 점점 나아질 테니 걱정하지 마시길!

관점을 바꾸기 위한 일상의 노력

1. 부정적인 성향에도 관심 기울이기

부모가 평소 부정적인 쪽으로 생각하고 행동하는 경향이 있는지 인지하고 주목하는 연습도 필요하다. 어떤 상황을 바라볼 때 부정적인 면을 얼마나 중요시하는지 찬찬히 짚어 보자. 화가 나거나 두렵고 걱정되는 상황을 다른 각도에서 바라보는 방법을 찾으려고 노력한다. 전체적인 상황을 파악하기 위해 한 발 뒤로 물러서서 상황을 이해하고, 다른 방법을 찾을 수 있을지 혹은 긍정적인 면을 바라볼 수 있을지 살펴보자.

2. 관점을 바꾸는 연습하기

당신의 생각이 얼마나 현실적인지 생각해 보고 표현 방식을 바꿔 보자. 다음 문장들을 보면서 생각해 보자. "나는 너무 뚱뚱해. 운동할 시간도 없어." "나는 너무 글을 못 쓰는 거 같아." "시어머니 때문에 너무 짜증 나." 이제 이 문장들을 새로운 관점으로 바꾸어 표현해 보자. "나는 적어도 일주일에 한 번 정도는 운동하려고 노력하고, 골고루 먹으려고 식단을 조절하고 있어." "나는 글감이 생기면 제법 괜찮은 글을 쓸 수 있는 사람이야." "나는 우리 시어머니가 좋아. 우리 두 사람은 여러 면에서 좀 다르긴 하지만 아이에게 시어머니가 정말 좋은 할머니인 건 분명해."

물론 이 과정이 쉽지 않겠지만 우리는 이 과정이 뇌에 변화를 불러일으킨다는 사실과 우리 마음을 편하게 해 줄 거라는 걸 알고 있다. 물론 처음에는 별것 아닌 것처럼 보인다. 하지만 관점을 바꾸는 일에 점점 더 익숙해질수록 분명히 당신의 기분은 나아질 것이다. 부모가 자신, 가족, 걱정과 두려움에 대해서 부정적으로 보고 말하는 모든 것들이 아이에게 전달되고 있음을 기억하고, 아이에게 '관점 바꾸기'라는 멋진 선물을 주어 삶의 역경과 고난을 이겨낼 수 있게 돕자.

3. 단정적인 언어는 되도록 피하기

극단에 치우치는 단정적인 언어는 되도록 피하는 게 좋다. '이거 싫어, 저건 좋아, 항상, 절대로, 해야 해, 하면 안 돼, 나는 이런 사람이야, 너는 저런 사람이야' 등의 단정적인 언어는 어떤 상황이나 사람을 틀 안에 가둔 채 바라보게 하므로 되도록 피하는 게 좋다. 다른 사람에 관해서는 비판적이기보다 유연하고 관용적인 언어를 사용하자. 점점 더 가족과 배우자와의 신경전이 줄어들 것이다.

4. 행동과 사람을 분리하기

"너는 정말 게을러" "너는 너무 난폭하고 공격적이야" 같은 말을 하지 말자. 이런 문제가 그 사람이 타고난 천성이라고 판단하지 말고 사람 자체와 행동을 분리해서 생각한다. "걔가 요즘 좀 게을러졌어" "요즘 들어 좀 공격적인 것 같아" 등의 표현은 아이를 표현하는 좀 더 나은 방식이다.

5. 사랑스러운 수식어를 붙여 주기

아이의 행동과 특성 중 가장 마음에 들지 않는 점을 목록으로 만들고, 문장으로 표현해 보자. "얘는 똑똑하진 않아" "얘는 마치 ADHD 증상을 보이는 것 같아" "얘는 어쩜 이렇게 고집이 센지 모르겠어"와 같이 말이다. 이번에는 아이가 왜 이런 행동을 했을지 생각하면서 문장을 다시 써 보자. 예를 들면 성적이 신통치 않기는 하지만 무척 사교적이고 책 읽는 걸 좋아하는 아이일 수 있다. 또 ADHD가 의심되는 아이는 드러머의 자질이 있는 에너지 넘치는 아이일 수 있고 말이다. 고집이 센 아이는 달리 생각하면 끈기 있고 쉽게 포기하지 않는 근성을 지니고 있을 수 있다.

이처럼 아이의 행동 중 긍정적인 면에 집중하면 아이는 자신의 고유한 특성이 높이 받아들여지고 있음을 느끼기 시작한다. 부정적인 특징들을 다시 생각해 보고 그것을 아이와 분리하자. 이는 부모와 아이를 모두 성장시키고, 아이 스스로 본인에게 더욱 사랑스러운 수식어를 붙일 수 있는 기회가 될 것이다.

6. 아이를 지지하는 말하기

아이를 단정 짓는 부정적인 말보다 지지하는 말을 사용한다. 아이의 행동 이면에 숨겨진 감정을 스스로 인지할 수 있는 질문을 던지고, 아이가 자신과 다른 사람의 의도를 분별하여 파악할 수 있도록 돕는다. 이를 통해 아이는 어려운 상황에서 스스로 헤쳐나갈 수 있게 된다.

7. 유머를 활용하기

유머를 활용하면 아이와 공감하기 쉽고, 분위기를 밝게 만들면서도 새로운 관점으로 상황을 바라보게 할 수 있다. 하지만 이때 아이의 감정을 가볍게 대하지 않도록 주의한다.

5장

공감하는
부모

세상에서 가장 아름다운 것들은
볼 수도 만질 수도 없다.
오직 가슴으로 느껴야 하는 것이다.
—헬렌 켈러

여러 해 동안 제시카는 친언니와 사이가 좋지 않았다. 어쩌다 만날 일이 있을 때면 서로를 노려보면서 짜증스러운 마음을 다스려야 했다. 더 솔직히 말하자면 두 사람은 서로를 좋아하지 않았다. 제시카는 언니가 어린 시절 부모님과의 추억을 과하게 포장한다고 생각했고, 언니는 제시카가 버릇없고 무신경하다고 생각했다. 두 사람의 이런 태도는 서로를 믿지 못하게 만들었고 잦은 다툼으로 이어지면서 둘은 점점 멀어지기만 했다. 언니와 사이가 좋아지리라는 희망이 거의 보이지 않았다.

그러던 중 제시카는 남편과 동생과의 관계를 보고, 언니와의 관계를 회복할 방법이 있지 않을지 고민해 보게 되었다. 이 덴마크 형제는 미국 자매와는 분명 달랐다. 형은 동생을 노려보거나 짜증을 내는 대신 관용과 이해의 태도로 다가갔고, 두 사람은 성향이 다름에도 매우 좋은 관계를 유지했다. 제시카는 그들을 보고 자기도 언니의 말을 집중해서 잘 들어보려고 노력했다. 언니가 이제껏 어떻게 느꼈는지, 무엇에 그토록 화가 났었는지 진심으로 이해하고자 했다. 그리고 언니를 경쟁 상대가 아닌 친한 친구처럼 생각하고 이야기를 들어주다 보니 두 사람의 관계가 서서히 달라지기 시작했다.

어느 순간 제시카는 이제껏 보지 못했던 언니의 다른 모습을 보게 되었다. 언니를 보며 진심에서 우러나오는 연민을 느꼈고 그건 언니도 마찬가지였다. 둘은 난생처음으로 서로를 진심으로 아끼는 친구처럼 대화했다. 그 후 일 년도 안 되어 둘의 관계는 급속도로 개선되었고 지금은 놀랄 만큼 아주 가까운 사이다. 제시카는 이제 언니에게 의지하기도 하고 언니의 존재를 감사히 여긴다. 이것은 서로에게 공감해 주는 연습이 긍정적인 방향으로 작용하며 나타난 굉장한 변화다.

놀라운 사실은 생각보다 훨씬 많은 사람이 '공감'이라는 단어의 뜻을 잘 모른다는 점이다. "연민 같은 건가요? 아니면 동정? 집착?" 극소수의 사람들만이 공감의 의미를 제대로 알고 있다면 그들 중 실제로 타인과 공감하며 살아가는 사람은 몇이나 될까?

공감이란 다른 사람의 기분이나 상태를 이해하는 능력이다.

단순히 상대의 감정을 알아차리는 것뿐 아니라 상대가 느끼는 바를 나도 똑같이 느낄 수 있느냐에 관한 것이다. 간단히 말해 사람과 함께 걷는 신발처럼 상대의 입장에서 같은 경험을 하는 것을 의미한다. 말은 쉬울지 모르겠지만 실천으로 옮기는 건 훨씬 어렵다. 왜 그렇게 힘들까? 혹시 이런 현상은 우리의 문화와도 관련이 있을까?

최근 한 연구에 의하면 놀랍게도 미국 내 젊은 사람들의 공감 능력은 1980년대와 1990년대를 지나오며 거의 50퍼센트 이하 수준으로 뚝 떨어졌다고 한다. 반면 같은 기간 나르시시즘은 두 배나 증가했다. 나르시시즘은 스스로를 과대평가하여 자신을 타인과 분리시키고 의미 있는 관계를 형성하지 못하는 경향이 있다. 나르시시스트들은 자신에게 너무 집중한 나머지 주변 사람들의 욕구를 잘 배려하지 못한다. 나르시시즘이 왜 이러한 특징을 갖는가에 대해 다양한 이론이 존재하지만 여전히 그 이유에 대해서는 누구도 자신 있게 확신하지는 못하는 실정이다.

나르시시즘에 관한 개인 성격 지수를 나타내는 NPI Narcissistic Personality Indicator는 1970년 나르시시즘의 정도를 가늠하기 위한 목적으로 개발된 것으로, 그간의 다양한 연구를 통해 타당성이 증명되었다. NPI를 개발한 진 트웬지 Jean Twenge와 동료들은

1982년부터 2007년까지 대학생들의 NPI 점수를 분석하였는데, 연구가 진행된 25년 동안 학생들의 NPI 점수가 지속적으로 상승한 사실을 발견했다. 해당 학생들의 NPI 점수는 경이로울 정도로 꾸준히 치솟아 연구가 마무리되던 해인 2007년에는 무려 70퍼센트의 학생들이 1982년보다 높은 점수를 기록했다. 이토록 높아지는 자기애적 성향의 원인은 무엇이었을까?

미국의 본질 : 적자생존

미국인들은 오랫동안 인간은 근본적으로 이기적이고 공격적이며 경쟁적인 존재라고 믿어 왔다. 이런 믿음은 산업혁명 때부터 이어져 왔다. 시장경제를 비롯한 금융, 법률, 정치 체제의 구조 등 기본적으로 다른 사람과 경쟁하게 만드는 시스템들은 이런 믿음을 바탕으로 한다. 그래서 동정심이 결핍된 성향이 뚜렷하게 드러난다.

월가의 '탐욕의 복음'은 공감 부족을 부각하는 하나의 예일 뿐이다. 아주 오랫동안 혁명적인 이론가, 정치가 그리고 대중은 인간이 관계를 맺는 방식으로 경쟁과 자연 선택의 잔인함에 초점을 두었다. 이는 본질적으로 미국인을 정의하는 개인주의의 기반을 구축해 왔다. 많은 정치인의 존경을 받는 유명한 작가 아인 랜드Ayn Rand는 인간이라는 존재는 근본적으로 이기적이며 사람들은 각기 자기 할 일 때문에 세상에 존재한다고 주장했다. 이 말에 동의하든 아니든 실제로 이러한 인식은 미국 사회 곳곳에 깊이 뿌리를 내리고 있어 대부분은 인식조차 하지 못하며 살아간다. 경쟁은 일상 깊숙이 스며들었다. 경쟁을 통해 최고가 되기 위해 고군분투하는 것은 미국인이 지닌 정체성의 일부다.

　그동안 알고 지내 온 주변의 부모들을 잠시 떠올려보자. 그중 얼마나 많은 부모가 자기 아이에 대해 솔직하게 터놓고 말해 줬을까? 그중 몇 명이나 되는 부모들이 용기를 내어 자신이 부모 역할을 제대로 해내고 있는지 모르겠다며 인정했을까? '좋은 부모'라 말할 수 있는 기준들이 계속 추가되고 높아지면서 자신의 약한 부분을 보다 용감하게 드러내는 부모들이 적어지고 있다. 사회의 높은 기준에 발맞추려는 것도 필요하겠지만 이러한 부담감 이면에는 다른 부모들보다 더 잘하고 싶은 마음도 있음을 부인하기 어렵다. 아이에게 무엇을 먹이는지부터 시작해(모유 수유, 유기농, 친환경…) 내 아이가 얼마나 다양한 수업에 참여하고 있고, 그 수업에서 얼마나 눈에 띄는 활약을 보이는지 등 교육적인 면을 드러내는 일상의 대화에서까지도 이기고 싶어 하는 마음이 깔려 있다.

물론 경쟁적인 대화는 엄마들 사이의 대화에만 국한된 것이 아니라 모든 종류의 대화에 스며들어 있다. 조금만 주의를 기울여도 일상의 대화들 표면 바로 아래에 이런 경쟁심이 있음을 알아차릴 수 있다. 대부분 사람은 다른 사람에게 완전히 마음을 열고 내 단점을 공유하기를 두려워한다. 다른 사람에게 평가받거나 거부당하기 싫은 마음 때문이다. 이런 두려움을 가지고 있는 상태에서 많은 관계가 깊이 있게 형성되지 못하는 건 당연한 일이다.

취약성에 대한 공포와 사회적 뇌의 발견

취약성에 관한 연구를 선두하고 있는 브레네 브라운Brene Brown 교수는 사람들이 자신의 단점을 드러내기를 어려워하는 이유로 다른 사람과의 단절을 두려워하는 점을 꼽았다. 우리는 사회적 인간관계를 지속하길 원하기 때문에 다른 사람이 거부감을 느낄 만한 이야기를 되도록 입 밖으로 꺼내지 않으려 한다. 하지만 아이러니하게도 우리는 상대의 약한 부분과 단점을 알고 공감하는 과정을 통해 서로에게 가까워짐을 느낀다. 나의 약한 부분과 단점을 열어 보이는 것이 상대와 더욱 친밀감을 느끼도록 하지만 선뜻 약함을 드러내지 못하고 오히려 정반대의 행동을 하는 이유는 부끄러움이라는 감정 때문이다.

부모 역할에 관한 대화에서도 그렇다. 우리는 상대 부모의 선택을 이해하고 공감해 주기보다는 몇 마디 말로 너무도 쉽게 부끄럽게 만들어 버린다. "어떻게 일을 하느라 아이를 집에 혼자 둘 수 있지? 나라면 절대 안 그래." "어떻게 일을 안 하고 집에만 있지? 나는 절대 그렇게 못해." "어떻게 아이한테 그렇게 오랜 기간 모유 수유를 할 수가 있지? 징그러워." "어떻게 모유 수유를 안 해? 너무 이기적이야!" 이런 식이다.

이런 대화들은 자연스럽게 당신이 더 우월한 선택을 하게 만든다. 당신은 상당히 괜찮은 부모가 된 듯 느껴지며, 당연히 기분도 매우 좋아질 것이다. 최고가 되는 건 우리가 대단히 높게 평가하는 소중한 가치이기 때문이다. 그러나 모순적이게도 우리는 신랄하게 판단받지 않고 지지받는다고 느끼는 관계 안에서 훨씬 더 좋은 기분을 느낀다.

늘 지금보다 더 나아지길 원하고 다른 사람을 깎아내리는 태도에는 명백한 문제가 있다. 그런 태도를 가진 사람이 본인의 약점이 드러났을 때 불안하고 불편한 감정에 휩싸이는 건 당연하다. 불편한 감정을 마주한 사람들은 어떤 태도를 취할까? 가장 흔한 반응은 무감각해지는 것이다. 사람을 멍하게 만드는 데 좋은 해결책인 음식, 텔레비전, 쇼핑, 마약, 약물 등에 빠지면 잠시나마 모든 것이 괜찮게 느껴질 수도 있다. 하지만 그건 임시방편일 뿐이다. 사람들은 언제든 이런 식의 몽롱한 상태의 힘을 빌려 문제를 해결한 것처럼 군다.

브라운 교수는 취약함에 관한 테드TED 연설에서 다음과 같은 말을 전했다. "우리 사회는 세계에서 가장 많은 빚을 지고 있으며, 가장 뚱뚱하고, 무언가에 가장 심하게 중독되어 있고, 가장 흔하게 약물에 의존하고 있다." 그의 말은 우리에게 질문을 던진다. 만일 우리가 다른 사람에게 망신을 주는 대신 조금이라도 더 마음을 열고 공감해 주었다면 어땠을까? 또 실제로 존재하지도 않는 완벽이라는 목표를 추구하는 걸 그만두었다면 어땠을까? 우리가 다른 사람들과 서로 조금 더 마음을 열고 진정성 있는 관계를 위해 노력했다면?

신경과학 분야에서 한 획을 그은 뇌과학 연구에서 과학자들은 '사회적 두뇌'라는 것을 발견했다. 사회적 두뇌란 우리가 서로 사회적인 상호작용을 할 때 활성화되는 부위다. 사회인지 신경 과학자인 매튜 리버먼Matthew Lieberman은 "이러한 뇌 신경망은 반사적으로 작동해서 우리에게 다른 사람의 마음, 생각, 감정, 목표에 대해 생각하라고 지시한다. 그리고 이해, 공감, 협동, 배려의 태도를 촉진한다"라고 말했다. 리버먼은 인간이라는 존재는 각자가 잘 사는 것뿐만 아니라 다른 사람들이 행복하고 안전하게 일상을 살아내는 것과도 서로 밀접한 관계를 맺고 있다고 믿는다.

'죄수의 딜레마'의 놀라움

리버먼은 인간이 개인적인 이익뿐만 아니라 다른 사람들의 안녕에도 관심이 있다는 이론을 입증하기 위해 fMRI(기능적 자기공명영상—옮긴이)를 이용하여 뇌의 여러 부분에서 혈액의 흐름을 추적하는 신경 영상 연구를 시작했다. 이 실험은 '죄수의 딜레마'라고 불리는 심리 검사다.

실험에서는 두 명의 참가자에게 10달러를 주고, 이를 두 사람이 알아서 나누어 갖도록 한다. 두 사람이 각각 얼마씩 가지느냐는 상대방이 돈을 똑같이 5달러씩 나눠 가질지 아니면 그러지 않을지 결정하는 것에 달려 있다. 두 참가자 모두 각자 5달러씩 갖는 것에 동의하면 각각 5달러씩 받는다. 하지만 만일 두 참가자 중 한 명이 똑같이 나눠 갖기로 한 약속을 배반

한다면 약속을 유지한 참가자는 한 푼도 받지 못하고 배반한 참가자가 10달러 모두를 얻는다. 두 참가자 모두 똑같이 나눠 갖는 것에 반대할 경우에는 각각 1달러씩만 받게 된다.

이 실험은 두 명의 참가자들이 상대방이 무슨 선택을 했는지 모르는 상태에서 어떤 결정을 내릴지 파악하기 위해 실시되었다. 결과적으로는 배반하는 쪽이 가장 안전하긴 하다. 적어도 1달러는 받고, 운이 좋으면 10달러를 모두 받을 수 있기 때문이다. 만약 내가 약속을 지킨다고 하더라도 상대가 배신하면 나는 아무것도 받지 못하고 끝날 위험도 있다.

실험 결과는 연구원들이 예상한 것과는 사뭇 달랐다. 참가자들은 이기적으로 상대를 배신하는 것보다는 똑같이 나눠 갖는 쪽을 더 많이 선택했던 것이다. 게다가 실험 과정 동안 fMRI를 측정한 결과, 뇌의 1차 보상 중추의 활동이 두 사람이 협력 관계를 맺을 때 증가했다. 그리고 이러한 뇌의 보상 중추는 개개인이 받게 되는 금액보다 두 참가자가 획득한 전체 금액에 더욱 민감하게 반응했다. 이 말은 곧 사람들이 개인적인 행복보다 다른 사람의 행복에서 더욱 큰 기쁨을 느낀다는 것을 의미한다.

어떻게 이런 일이 가능할까? 덴마크 사람들은 다른 사람의 행복을 위해 마음을 쓰는 것이 자기 자신의 행복을 위해서도 매우 중요하고 도움이 된다고 믿는다. 이러한 덴마크 사람들의 믿음은 앞서 살펴본 실험 결과를 보더라도 상당히 수긍할 만하다.

공감에 관한 진실

역사적으로 공감 능력은 동물과 인간을 구별하는 대표적인 특징으로 여겨져 왔다. 대부분 동물과 영장류에게는 공감 능력이 없다고 믿었다. 하지만 저명한 영장류 동물학자인 프란스 드 발Frans de Waal은 저서 《공감의 시대》에서 공감하는 모습은 실제로 모든 종류의 동물에게서 발견되고 있다고 설명한다. 쥐, 원숭이, 영장류, 돌고래, 코끼리 등의 동물들도 공감 능력을 가지고 있음을 입증한 관련 연구가 진행된 적 있었지만 여전히 많은 이들이 이 사실을 모르고 있다. 알려지지 못한 데에는 이유가 있다. 인간이 만들고 지켜 온 대부분의 지배 정책 자체가 인간을 둘러싼 자연이 생존 경쟁 원리를 기반으로 만들어졌고, 우리 사회는 당연히 인간의 본질보다는 경쟁과 이기심을 토대로 만들어져야만 한다는 믿음에 기초하기 때문이다.

진화적 관점에서 볼 때 공감은 우리를 공동체 문화에서 살아남게 해 준 유익한 자극이다. 인간이 서로 공감하고 협력하지 않았다면 험한 세상에서 살아남지 못했을 것이다. 일반적인 상식과는 다르게 우리 중 상당수가 다른 사람의 안녕을 신경 쓰며 살고 있다. 하지만 놀랍게도 사람들이 이 사실에 무관심하기 때문에 발현되지 못하고 잠재된 채로만 존재하는 것이다. 아기는 공감 능력 없이 태어난다고 흔히들 생각하지만 틀렸다. 사람이라면 이미 누구나 공감과 밀접하다. 타고난 공감 능력이 현실에서 제대로 발현되도록 만들면 되는 것이다.

공감 능력은 뇌의 변연계에 위치하는데, 이 곳에서 우리의 기억, 감정, 본능을 통제한다. 변연계는 거울 신경과 뇌도를 포함하고 있는 매우 복잡한 신경계다. 우리는 사람에게 본능적으로 다른 사람과 소통하려는 성향이 있다는 사실을 잘 인식하지 못한다. 소통은 우뇌의 수많은 신경계를 통해 가능한 일인데, 이 중에서도 거울 신경은 매우 중요한 역할을 맡고 있다. 사람은 하나의 독립체가 아닌 서로 영향을 주고받는 구조로 이루어져 있다.

UCLA의 임상심리학 교수 다니엘 시겔Daniel Siegel은 "공감 능력은 인간에게만 주어진 사치품이 아니라 삶을 위한 필수 요소다. 인간이 지금껏 생존할 수 있었던 건 날카로운 발톱이나 거대한 덩치 덕분이 아니라 서로 소통하고 협동할 수 있었기 때문이다"라고 말한다.

그렇다. 공감은 우리가 다른 사람과 소통할 수 있게 한다. 공감 능력은 유아기 때 애착 대상과의 관계를 통해 발현된다. 아이는 자라면서 먼저 엄마의 감정과 기분을 파악하고 공감하는 법을 깨우치는데, 이후 다른 사람의 감정과 기분에 공감하는 것으로 확대된다. 아이는 엄마가 느끼는 것을 똑같이 느끼고 따라 한다. 그래서 신생아에게는 눈 맞춤, 표정, 목소리 톤 같은 것들이 중요하다. 이 시기가 바로 인간이 신뢰와 애정을 느끼고 공감을 배우기 시작하는 최초의 시기다.

아이들은 다른 아기가 우는 모습을 보면 장난감이나 공갈 젖꼭지로 달래 주기도 한다. 다른 아이가 우는 걸 보고 걱정하기도 하고, 심지어 울음소리를 듣고 따라 울기도 한다. 비록 지금 아이들은 다른 아기가 왜 우는지도 모르고 우는 행동 뒤에 숨겨진 감정을 이해할 수는 없겠지만 시간이 흐르면 자연스레 경험을 통해 알게 될 것이다.

한 연구 결과에 따르면 18개월 정도의 아이는 어른이 어떤 문제와 씨름하고 있으면 그 어른을 도와주려 노력한다고 한다. 예를 들어 어른이 무언가를 잡으려고 손을 뻗고 있다면 아이는 그걸 집어 어른에게 건네주고, 어른이 실수로 무언가를 떨어뜨렸다면 어른에게 그 물건을 주워주려 한다는 것이다. 하지만 어른이 일부러 물건을 바닥에 집어 던진 경우라면 그걸 주워서 어른에게 가져다주려고 하지 않는다. 아이도 어른이 의도적으로 물건을 집어 던졌으며, 이제 그 물건이 필요하지 않은 어른의 상황을 이해한 것이다. 다른 사람을 돕고 배려하며 살아야 한다는 사실을 일부러 가르치지 않고 아이가 이것을 의무라고 생각하기 이전에도 이미 아이들은 우리가 생각하는 것보다 훨씬 덜 이기적인 존재들이다.

부모의 책임

부모는 아이에게 공감의 거울이 되어 절대적인 영향을 미치기에 큰 책임이 따른다. 부모는 일상 속에서 꾸준히 공감을 연습하며 노력해야 한다. 공감은 말과 행동을 통해 이루어진다. 아이는 꾸준히 부모의 행동을 관찰하고 따라 하기 때문에 아이가 가정에서 경험하는 모든 건 공감 능력을 향상시키는 데 중요한 역할을 한다.

신체적, 정서적, 성적 학대에 노출된 가정의 아이는 공감 능력을 잘 발달시키지 못한다. 아이가 건강하고 건전하게 성장할 수 있는 선이 무너졌다면 공감 능력의 발달도 기대하기 어렵다. 또 애착 형성 과정에서 상처를 입은 아이의 경우에도 마찬가지다. 아이의 공감 능력 발달에 악영향을 미치는 또 다른 가족 유형은 아이를 과잉보호하는 경우다. 이 경우 부모는 아이가 상처받거나 실패할까 두려워 아이를 대신해서 문제를 해결해 주고, 아이의 소원을 몽땅 들어주는 경향을 보인다. 이런 경향의 부모들은 가끔 아이를 보호하기 위해서라는 이유로 자신의 논리적, 비이성적 혹은 감정적 반응을 일부러 감춘다. 이런 행동들은 아이가 다른 사람의 감정을 읽어내지 못하게 만들어 아이의 공감 능력 또한 낮아지게 만든다(아이가 보고 느끼는 것을 부모가 그대로 확인해 주지 않기 때문이다). 이런 식으로 과잉보호하는 분위기의 가정에서 자란 대부분 아이는 나르시시즘, 불안, 우울감에 노출되기 쉽다. 감정과 행동 사이의 괴리로 인해 자기조절력이 발달하지 못했기 때문이다.

끊임없이 자신의 감정과 행동을 부모나 어른으로부터 강요받고 지시당하며 자란 아이는 자신의 감정을 솔직하게 표현하며 그 감정을 공감해 주는 분위기에서 공감 능력을 키워 온 아이와는 다른 모습으로 성장하게 된다. 감정을 강요당했던 아이는 자신의 솔직한 감정을 제대로 인지하지 못하고 살면서 건강한 방식으로 결정을 내리기 힘들어하기도 한다. 이 경우 아이는 끝없는 공허함과 불만족에 사로잡히기 쉽다. 내가 어떤 감정을 느끼고 있는지 모르는데 내가 정말로 원하는 게 무엇인지 정확히 알 수 있을까. 그래서 아이의 공감 능력을 길러 주는 건 나중에 아이가 서로를 위하는 좋은 친구를 사귈 가능성을 높여 주는 일이 되는 것이다. 그런 좋은 관계는 진정한 행복과 편안함의 원천이라는 사실을 우리는 너무도 잘 알고 있다.

덴마크 사람들이 공감 능력을 키우는 방법

덴마크의 여러 교육 제도 중에는 유치원 때부터 의무적으로 실시하는 '차근차근'이라는 프로그램이 있다. 이 프로그램은 아이들에게 슬픔, 분노, 두려움, 실망, 행복 등 다양한 감정을 표현하는 사진 카드를 보여 준다. 아이들은 카드를 보면서 사진 속 아이의 표정과 감정을 차근히 자신의 언어로 표현하며 나와 다른 사람의 감정을 묘사하는 법을 배운다. 이를 통해 공감하는 법, 문제를 해결하는 법, 자기조절 방법, 다른 사람이 나타내는 감정을 이해하는 방법을 익힌다. 이 프로그램의 핵심은 프로그램 진행자와 아이들 모두 사진 속 아이의 감정을 평가하지 않는 것이다. 그저 사진에 보여지는 감정을 인지하고 존중하는 게 전부다.

캣-킷CAT-kit이라는 프로그램도 점점 유명세를 타고 있다. 이 프로그램은 주로 감정적 인지와 공감 능력을 향상시키기 위해 사용되는데 경험, 생각, 느낌, 감각을 분명히 표현하는 방법에 집중한다. 캣-킷 키트는 얼굴이 그려진 그림 카드, 감정의 강도를 측정하는 측정 막대, 참가자가 직접 신체를 그리고 감정의 위치를 표시할 수 있는 신체 그림 카드로 구성되어 있다. '나의 동그라미'라는 도구도 들어있는데, 이는 아이가 친구, 가족, 낯선 사람들을 원의 다양한 위치에 그려 봄으로써 다른 사람들을 이해하는 데 도움을 준다.

메리 재단Mary Foundation은 교내 공감 능력 훈련에 지대한 영향을 미쳤다. 덴마크 여왕이 될 메리 왕세자비가 만든 학교 폭력과 따돌림을 방지하는 프로그램은 덴마크 전역에서 시행되고 있다. '따돌림 없는 교실Free of Bullying'이라는 프로그램은 3~8세의 어린이들이 괴롭힘과 놀림 같은 폭력에 대해 이야기를 나누고 비판하는 프로그램으로, 이 과정을 통해 아이들이 서로를 아끼고 배려하도록 돕는 자세를 배운다. 이 프로그램은 긍정적인 효과를 가져왔고, 98퍼센트 이상의 선생님들이 이 프로그램을 추천하고 싶다고 답했다.

덴마크 학교에서 시행하는 또 다른 공감 능력 훈련은 다양한 장단점을 가진 아이들이 어떻게 한데 어울리도록 하느냐에 관한 것이다. 공부를 잘하는 아이들은 학습이 상대적으로 느린 아이들과 함께 어울려 수업을 듣고, 부끄러움이 많은 아이는 활동적이고 외향적인 성향의 아이들과 함께 지내는 방식으로 훈련이 이루어진다. 프로그램은 아이들이 눈치채지 못하도록 섬세하게 진행된다. 교사는 아이들을 파악하는 데에 충분한 시간을 들이고, 결과에 따라 학급 아이들의 자리를 배치한다. 프로그램의 목표는 학생들이 모든 사람은 각각 저마다의 장점을 갖고 있다는 사실을 알고 서로를 도우며 발전할 수 있게 만드는 것이다. 수학을 잘하는 아이라 해도 축구 실력은 형편없을 수 있으며 그 반대일 수도 있다. 이런 식의 시스템은 아이들이 협력하고 팀워크를 배우며 서로 존중하는 태도를 기르게 한다.

연구에 따르면 다른 사람을 가르치는 건 학습 효과가 크다고 한다. 다른 친구에게 설명해 주면서 아이는 개념을 확실하게 이해하고, 더 정확히 기억하며 좀 더 효과적으로 사용한다. 하지만 잘 모르는 친구를 돕기 위해서는 친구가 어느 부분에서 어떤 어려움을 가지고 있는지 친구의 입장에서 이해하려는 노력이 선행되어야 한다. 복잡한 개념을 설명하고 이해시키는 일은 결코 쉽지 않지만, 이런 경험은 인생 전체를 두고 볼 때 매우 귀중하고 가치 있다.

이벤은 교사로 재직하던 시절 이 프로그램을 직접 활용하며 아이들을 관찰했는데, 이런 방식의 협동과 공감은 아이들에게 깊은 수준의 만족감과 행복을 가져다주었다. 이는 '죄수의 딜레마' 연구에서의 사회적 뇌와 fMRI 결과와도 맥락을 같이 한다. 우리가 예상했던 것과 달리 사람의 두뇌는 다른 사람과 협동해서 무언가를 성취해 냈을 때 혼자서 이기는 것보다 훨씬 더 큰 만족감을 나타낸다. 이 사실로 미루어 생각해 보면 공감 능력은 성공적인 리더, 기업가, 임원, 창업가 모두에게 업무의 성과를 결정짓는 가장 중요한 요소 중 하나라고 볼 수 있다.

공감 능력은 괴롭힘, 놀림, 따돌림 등의 학교 폭력을 줄이고 상대를 너그러이 용서할 수 있게 하며 사회적 유대 관계를 크게 향상시킨다. 또한 우리 삶을 편안하게 만들어 주는 가장 큰 요인 중 하나인 의미 있는 유대 관계를 발전시킨다. 공감 능력을 기른 청소년은 모든 분야에서 조금 더 두각을 보이는데, 이들은 나르시시즘적인 관점에서 벗어나 목표를 향해 달려가기 때문이다. 생각해 보면 모두 맞는 말이다. 성공하는 사람들은 혼자 일하지 않는다. 우리가 인생에서 목표한 긍정적인 결과를 얻기 위해서는 다른 사람의 도움이 필요하다.

덴마크의 다양한 프로그램에서 시도하는 것처럼 아이에게

보다 적극적으로 공감하는 법을 활기차고 재미있게 가르친다면 아이들은 훨씬 더 행복한 어른으로 자라날 것이다.

말의 힘

덴마크식 사고방식에 큰 영향을 끼친 덴마크의 저명한 이론가이자 철학자인 크누 아이레르 로이스트루프Knud Ejler Løgstrup는 부모라면 누구나 아이의 마음에 즐거움과 지식을 전달하는 역할 이상으로 정서적인 부분에 관심을 가지고 길러야 할 의무가 있다고 주장한다. 또한 부모 스스로의 공감 능력을 키워야 한다고도 강조한다. 그는 우리가 다른 사람에 대해 하는 말과 언어는 아이가 다른 사람의 입장에서 생각해 보도록 돕는 법을 가르치기 위한 토대라고 주장했다.

이런 이유로 덴마크 부모들은 아이 앞에서 다른 아이에 대해 이야기할 때 조금 독특한 표현을 사용하며 자신의 생각을 강하게 드러내지 않는다. 다른 아이를 언급해야 하는 상황이 오면 흔히들 대화 중에 어색함을 피하기 위해 쓰곤 하는 진부한 표현을 하는 편인데, 핵심은 대상이 되는 아이의 좋은 성향을 찾아내려 한다는 점이다. "그 아이는 참 친절하더라" "그 친구는 되게 착하던데, 네가 보기에는 어때?" "그 아이 덕분에 도움을 받게 되었네" "그 아이는 굉장히 순하더라. 너도 그렇게 생각하니?"와 같은 말로 표현한다.

말에는 놀라운 힘이 있다. 이러한 부모의 말은 아이가 나중에 다른 사람의 좋은 점을 바라보는 기틀을 다지는 기초 공사 같은 역할을 해 준다. 다른 사람의 장점을 언급하다 보면 장점을 알아보게 되고, 자연스럽게 이를 신뢰하게 된다.

덴마크 부모가 아이 앞에서 다른 아이에 대해 부정적으로 말하는 걸 실제로도 거의 들어본 적이 없다. 대신 아이에게 다른 사람의 행동에 대해 설명해 주고 왜 그 사람이 무례하게 행동하게 됐는지를 이해시키기 위해 노력한다. "걔가 아마 지금 엄청 피곤하거나 낮잠을 못 자서 그런 것 같지 않니?" "아까는 친구가 배고파 보이지 않았니? 배고프면 우리도 얼마나 예민해지는지 몰라, 그치?"

덴마크 부모는 아이가 다른 아이의 행동에 대해 나쁘다, 이기적이다, 불쾌하다는 식으로 해석하기보다는 어쩔 수 없는 이유가 있었기 때문에 일어난 일로 바라볼 수 있도록 돕는다. 이게 바로 앞에서 언급했던 지지하는 말의 힘이다. 그리고 사실 이런 과정은 관점을 바꾸어 보는 것의 시작이라고도 할 수 있다. 지금 눈앞의 사람이 못마땅한 행동을 하고 있어도 아마 어려움을 겪는 중일 거라고 생각하면 그 사람의 행동을 조금 더 너그럽게 이해할 수 있게 된다. 우리는 상대에게 부정적인 꼬리표를 붙이는 대신 공감이라는 도구를 사용해 우리의 관점을 긍정적인 방향으로 전환해 볼 수 있다. 이런 방식은 그 사람을 부정적으로 평가하는 데 썼을 수도 있는 시간과 에너지를 아끼는 것이기도 하다.

로이스트루프가 다른 사람을 신뢰하는 행동이 항상 보답을 가져올 것이라고 생각하는 건 그가 세상 물정 모르는 순진한 사람이라서가 아니다. 그는 서로를 향한 신뢰는 열린 대화와 사랑, 연민 등과 같은 삶에 관한 자주적인 표현처럼 인간다움의 기본이라는 사실을 굳게 믿었을 뿐이다. 그는 '서로에 대한 믿음과 확신을 보여 주는 것이 스스로를 표현하는 것'이라는 말도 전했다. 그렇다. 신뢰는 매우 자유로운 것이다.

공감을 가르치는 덴마크식 방법

공감을 가르칠 때 가장 먼저 고려해야 할 것은 공감 능력과 공감의 결과라는 두 가지 개념을 서로 구별하는 일이다. 다시 말해 다른 사람과의 관계에서 공감이라는 것을 행동으로 어떻게 표현해야 하는가다. 아이가 공감하는 방법을 배우기 위해서는 매일 일상을 함께 보내는 부모와 주변의 어른들이 좋은 예가 될 수 있지만 오랜 시간이 걸린다.

한 예로, 리사와 동생 마크는 해변가에서 놀고 있었다. 리사는 작은 삽을 가지고 있다. 마크는 리사의 삽을 가지고 놀고 싶어 하지만 리사가 빌려주지 않자 울기 시작한다. 리사는 어떻게 해야 할까? 대부분의 부모는 이런 상황에서 리사에게 울고 있는 마크에게 삽을 주라고 할 것이다. 하지만 생각해 보자. 상대가 원한다는 이유로 내가 가진 것을 빌려주거나 주어야만 하는 걸까? 혹시 우리는 아이에게 지금의 상황이 충분히 수긍되지 않으면서도, 마크가 울음을 터뜨렸다는 외부적인 상황 때문에 어떻게 행동할지 결정해야 한다고 가르치고 있는 건 아닐까? 리사는 자기가 삽을 가지고 놀고 있을 때 그것 때문에 마크가 짜증을 내기 시작했다는 사실을 인지했을 것이다. 이때 리사에게는 자신의 욕구와 한계 사이의 균형을 잡을 수 있도록 도와줄 어른이 필요하며, 도움을 받은 후에는 스스로 책임지고 결정을 내릴 수 있다. 하지만 대개 이러한 상황에서 어른들은 마크를 피해자라고 여기고 가여운 마음으로 리사에게 삽을 어서 마크에게 주라고 강요한다. 어른들의 이런 행동은 공정하지 않을 뿐만 아니라 리사의 입장에 전혀 공감해 주지 않은 것이다. 리사가 다른 사람의 입장에서 생각하는 법을 배울 필요가 없다는 게 절대 아니다. 핵심은 엄마와 아빠가 리사의 입장도 헤아리고 있다는 걸 리사에게 제대로 표현해야 한다는 것이다. 아이는 자신이 무엇을 원하는지 혹은 어떻게 느끼는지를 이해하는 부모를 보면서 자신을 위해 진정으로 사용할 수 있는 도구를 가지게 된다. 동시에 마크에게도 울음으로 무언가를 얻거나 상황을 해결할 수 없다는 사실을 알려 줄 수 있다.

그렇다면 이 상황에서 부모는 어떻게 해야 할까? 리사와 마크가 스스로 해결책을 찾도록 한 다음 리사의 표정과 행동을 통해 생각을 파악한다. 그 후 조심스레 마크와 함께 삽을 가지고 놀면 어떻겠냐고 물어보는 게 좋다. 아니면 리사와 협상을 시도할 수도 있다. 리사가 삽을 가지고 5분 정도 더 놀고 나서 다른 놀이를 시작하면 마크에게 빌려주는 식의 협상 말이다. 이런 식의 조율이 가능하다면 다른 사람과 함께 노는 것이 굉장히 즐거운 일이 될 수 있다. 비록 지금은 내 것을 다른 사람과 공유하는 방법을 배우지만 항상 그럴 필요는 없으며, 한창 즐겁게 노는 중이었다면 가끔은 '싫어'라고 거절해도 괜찮다는 사실을 배우는 중요한 과정이기도 하다.

장기적인 관점에서 이러한 가르침은 아이의 삶에 큰 영향을 미친다. 상대방을 달래야 한다는 이유, 문제 상황을 쉽게 해결하고자 하는 이유로 내키지 않는데도 오직 상대방을 위한 일을 할 필요는 없다고 알려 주는 것. 이것은 아이의 미래를 위한 중요한 가르침이 될 것이다. 어려서부터 감정은 소중하다고 배운 아이일수록 괴롭힘, 놀림, 따돌림과 같은 또래로부터의 부당한 폭력에 노출되더라도 자신이 옳다고 생각하는 행동을 할 가능성이 높다. 부모가 아이의 입장에서 생각하고 공감해 주며 키우면 아이는 바른 길로 자란다.

덴마크 부모가 아이의 공감 능력을 키워 주는 또 다른 방법 중 하나는 다른 아이가 느끼는 감정에 대해 알려 주는 것이다. 일상에서 이런 식의 대화를 자주 하도록 노력해 보자.

"저런, 지금 빅터가 울고 있네. 왜 울고 있을까?"
"빅터는 화가 났나 봐. 왜 저렇게 화가 났을까?"
"지금 짜증 나 보이네. 왜 그런지 말해 줄 수 있어?"

그리고 되도록 이런 식의 말은 피하자.

"제발 쟤 같은 행동은 하지 마. 화날 이유가 전혀 없는데 왜 저렇게 화를 내는 거야?"

"쟤는 왜 저렇게 우는 거야? 정말 이해가 안 되네."
"지금 네가 울 상황이야? 얼른 그쳐, 뚝!"
"너는 왜 또 짜증이 나 있어?"
"기뻐해야지, 표정이 왜 그래?"

덴마크 부모들은 벌어진 상황에 대해 아이와 본격적으로 대화를 나누기에 앞서서 무엇보다 아이의 감정을 파악하기 위해 노력한다.

"왜 우니?"

그러고는 아이의 감정을 이해하기 위해서 아이의 눈높이에 맞추고, 아이를 지켜보고 있음을 알려 준다.

"지금 네가 짜증이 많이 났구나. 왜 이렇게 심하게 짜증이 났을까? 저 아이가 장난감을 가져가서 그런 거야? 저 친구는 아무것도 모르는 아기야. 일부러 그랬을 것 같지는 않은데, 네가 보기엔 어때?"

물론 아이의 감정을 이해하려는 노력에 언제나 마땅한 해결책이 있는 건 아니다. 하지만 적어도 덴마크 부모들은 최소한 아이를 이해하고 섣불리 판단하지 않으려고 노력함으로써 존중하는 법을 가르친다. 만약 누군가가 어른인 나의 감정적 반응이 이상하다, 쓸모없다, 틀렸다 등으로 치부하면서 무시하고 때로는 어떤 식으로 느껴야만 한다고 감정을 강요한다고 생각해 보자. 끔찍할 것이다.

공감하는 법을 가르치는 덴마크 육아법의 핵심은 상대를 쉽게 판단하지 않는 것이다. 덴마크 사람들은 아이, 아이의 친구, 친구의 가족을 냉정하고 불쾌하게 평가하지 않는다. 목소리 큰 사람의 의견뿐 아니라 가족 구성원 모두에게 의견을 표현할 권리가 있으며 이러한 의견은 가족 내에서 진심으로 받아들여진다. 자신과 상대에 대한 관대함은 그 무엇보다 소중한 미덕이다. 더불어 가정 안에서 서로 더욱 공감하고, 다른 사람을 깎아내리지 않고 솔직하게 표현하며 마음을 열고 진정성 있게 다가가는 모습을 보임으로써 아이는 부모를 비롯한 다른 사람들을 함부로 판단하지 않는 사람이 될 수 있을 것이다.

공감을 위한 일상의 노력

1. 나의 공감 스타일 이해하기

나만의 공감 스타일을 이해하기 위해 다음 질문을 던져 보자.

· 나에게 공감은 어떤 의미인가?

· 내 배우자에게 공감은 어떤 의미인가?

· 나와 내 배우자는 언제 서로의 의견에 동의하고 언제 동의하지 않는가?

· 우리 부부가 중요하게 여기는 핵심 가치는 무엇인가?

· 나는 나 자신과 주변 사람들을 얼마나 평가하는 편인가?

· 나와 우리 가족은 다른 사람들에 대해 얼마나 자주 평가하는 편인가?

· 우리의 대화 습관 속에는 공감하는 말이 어느 정도 포함되어 있는가?

· 어떻게 하면 나의 말에 공감의 말을 더하고 평가의 말을 덜어낼 수 있
  을까?

기억하자. 결코 쉽지는 않겠지만 연습한다면 분명히 지금보다
나아질 것이다. 먼저 내가 다른 사람에 대해 얼마나 많이 이야
기하는지 스스로 확인해 본 다음, 더 많은 공감을 표현할 대안

을 생각해 보자. 아이는 부모의 모습을 그대로 따라 한다는 점을 명심하고 배우자도 함께 노력하도록 돕자.

2. 다른 사람을 이해하기

다른 사람을 깎아내리는 대신 이해하려는 연습을 하자. 당신이 일상에서 얼마나 자주 다른 사람들을 평가해 왔는지 알면 놀라울 것이다. 상대방의 입장에서 그 사람의 행동을 이해하기 위해 노력하고 그에 따른 변화를 경험하면 다시 한번 놀랄 것이다. 이것은 공감을 연습하는 과정이다.

3. 감정을 파악하고 형상화하기

아이에게 부모의 판단을 강요하지 말자. 아이가 부모의 판단과 관계없이 아이 자신이나 다른 사람들의 감정을 파악하고 스스로 그 감정을 경험하도록 해야 한다. "샐리가 화를 낸 건 잘못된 거야. 그렇게 행동하면 안 돼"가 아니라 "샐리가 화가 났네. 무슨 일 때문에 그렇게 화가 났을까? 그 일에 대해서 너는 어떻게 생각하니?"와 같이 말하자.

4. 읽고 또 읽고 더 읽기

연구 결과에 따르면 아이에게 책을 읽어 주면 아이의 공감 능력이 눈에 띄게 향상된다고 한다. 하지만 이때 소위 말하는 좋은 책들뿐만 아니라 다양한 종류의 감정이 표현된 책, 다시 말해 불편하고 부정적인 감정도 다루고 있는 책을 읽어 주는 것이 좋다. 아이들이 대응할 수 있는 수준에서 현실에 대처하는 최선의 방법은 정직과 진정성에 있으며, 대처하는 과정을 통해 공감 능력이 상당히 향상된다.

5. 의미 있는 관계를 발전시키기

공감 능력을 통해서 좋지 않았던 관계를 개선해 보자. 불편한 관계를 유지하는 것은 정신적, 육체적으로 좋지 않은 영향을 준다는 사실이 입증되었다. 공감과 용서는 뇌에서 동일한 영역을 활성화시키는데, 이는 우리가 공감을 연습하면 할수록 다른 사람을 용서하는 일 역시 쉬워진다는 의미다. 소중한 친구와 가족 간의 부드러운 관계는 많은 돈을 가지는 것보다 훨씬 값진 일이며 진정한 행복을 결정짓는 가장 중요한 요소이기도 하다.

6. 나의 약한 부분을 드러내기

상대방의 말을 더 잘 들어주는 사람이 되자. 또 상대방에게 나의 약한 부분을 드러내는 걸 두려워하지 말자. 이것은 우리가 할 수 있는 가장 좋은 소통 방법이다. 듣고, 호기심을 갖고, 따라 하며, 은유를 이용해 상대의 이야기에 섬세한 반응을 보이자.

7. 공감하는 사람을 가까이 두기

친절하면서도 공감하려 노력하는 사람들로 주변을 채워 보자. 이제 막 아이를 낳은 초보 아빠, 엄마는 주변의 이런 사람들로부터 엄청난 도움을 받을 수 있다.

6장

훈육의
기술

전쟁에서 천 번 승리하는 것보다

자기 자신을 정복하는 것이 더 위대하다.

—석가모니

부모라면 누구나 이와 비슷한 상황에 처한 적이 있을 것이다. 부모는 지치고 힘든데 아이는 반항하고 말도 안 듣는다. 부모가 최선을 다하는데도 아이는 계속 짜증 나게 만들기만 한다. 결국 참다못한 부모가 폭발하고 만다. 어떤 부모는 아이에게 있는 힘껏 큰소리를 내지르고, 또 어떤 부모는 아이에게서 무언가를 빼앗으며, 때로는 벌을 주고 매를 들기도 한다.

지금껏 우리는 주변에서 부모가 아이에게 고함을 지르는 걸 수도 없이 봐 왔다. 이런 상황은 아이가 부모가 보낸 '마지막 경고'를 무시해 버린 결과인 경우가 많다. 대부분 이런 식의 말 다음이다. "지금 당장 엄마 말 들어, 안 그러면 가만 안 있어." "지금 당장 그만두라고 했어. 안 그러면 어떻게 되는지 알지? 경고했어." "한 번만 더 엄마 입에서 똑같은 말 나오게 했다간 봐."

부모는 아이에게 이런 식의 마지막 경고를 하지만 그러고 나면 다음 방법이 없다. 더 이상 할 수 있는 방법이 없다고 느껴지면 아이를 통제해야 한다는 생각에 아이를 때리거나 고함을 지르는 등의 물리적인 방법을 동원하게 된다. 한 연구 결과에 따르면 아직도 미국인의 90퍼센트가 체벌을 아이를 위한 적절한 훈육법이라고 생각한다고 답했다.

제시카는 어렸을 적에 매를 맞으며 자랐고 제시카의 언니도 마찬가지였다. 아이를 때리는 부모는 보통 양육에 있어서 자신의 기본값에 따른 경우가 많다. 어렸을 때 그들이 겪은 체벌도 여기 속한다. 제시카는 체벌이 옳은 양육법인지에 대해 오랜 시간 동안 한 번도 의문을 품은 적이 없었다. 제시카가 초등학교에 다닐 때는 이제 막 체벌이 금지된 시기였기 때문에 그녀는 한 번도 체벌이 나쁘다거나 문제가 있다고 생각하지 않았고 오히려 당연하게 여겼다.

제시카는 첫 아이를 임신하고 나서야 남편과 자신이 양육에 있어서 다른 견해를 가지고 있음을 알게 되었다. 훈육 방식에 대해 이야기를 나눌수록 제시카는 남편의 덴마크식 훈육법을 더욱 이해하게 되면서 이 방식을 진지하게 고려하기 시작했다. 덴마크인의 새로운 훈육법에 대해 관심이 커진 그녀는 덴마크 방식을 이해하기 위해 여러 분야를 파고들었다. 그 결과는 실로 놀라웠다. 제시카는 조사를 통해 미국의 50개 주 중 19곳에서 여전히 체벌을 허용하고 있다는 사실을 발견했다. 그 말은 즉, 학생이 잘못을 저지르면 교사가 지시봉이나 회초리로 학생을 때려도 된다는 뜻이다. 비록 31개 주에서 체벌을 금지하고 있다고는 하지만 사립학교 중에는 체벌을 허용하는 곳도 있다. 핵심은 체벌이 여전히 일반적이라는 사실이다.

미국 질병통제예방센터Centers for Disease Control and Provention에서 실시한 대규모 연구를 통해 미국 전역의 육아 실태를 살펴보면 우리가 생각하는 것 이상으로 체벌이 만연하다는 사실을 확인할 수 있다. 연구는 6개 도시에서 240개의 포커스 그룹으로 구성된 다른 문화를 가진 다섯 그룹(아시아인, 히스패닉, 아프리카계 미국인, 비히스패닉 백인 및 아메리칸 인디언)의 부모를 대상으로 했다. 연구 결과, 모든 그룹이 훈육할 때 가끔씩 체벌을 사용하고 있음을 알 수 있었다.

놀라웠던 건 문화에 따라 체벌의 때와 장소에 차이가 있었다는 점이다. 아프리카계 미국인 부모는 아이가 잘못을 저지르면 어디에 있든 상관없이 즉시 체벌한다고 답했으며, 백인과 인디언계 부모는 공공장소에서 아이를 체벌하는 건 불편하다고 답했다. 백인 부모는 식당(실험에서 주로 거론된 장소임)이라면 대부분 아이를 화장실로 데려간 후 체벌했고, 인디언 부모는 집에 도착한 이후에 체벌하는 편이라고 응답했다. 결과를 통해 짐작할 수 있는 사실은 체벌이 우리 눈에 보이지 않는 곳에서 더 많이 가해지고 있다는 점이다.

양육 태도로 구분하는 네 가지 부모 유형

체벌을 가하는 여부와 상관없이 발달심리학자들은 부모의 양육 태도를 다음의 네 가지 유형으로 구분한다.

· 권위주의적 부모

이 유형의 부모는 아이에게 지나친 수준을 요구하고 아이의 요구에 즉각적인 반응을 보이지 않는다. 아이가 부모의 지시에 무조건 순종하기를 원하며 아이에 대한 기대치가 높은 편이다. 전형적인 타이거맘이 이에 해당한다. 이런 권위주의적 유형의 부모 밑에서 자란 아이는 학교생활은 무리 없이 잘 해내는 편이지만 낮은 자존감, 우울증, 사교적이지 못한 성격 등으로 어려움을 겪기도 한다.

· **권위 있는 부모**(권위주의적 유형과 헷갈리지 마시길)

이 유형의 부모는 아이에게 무언가를 요구하지만 아이의 말에 즉각적으로 반응해 주며 들어주려 노력하는 편이다. 권위주의적 부모처럼 역시나 아이에 대한 기대치는 높지만 훈육전반에 있어 아이의 생각을 지지한다. 이런 유형의 부모 밑에서 자란 아이는 다른 유형의 부모 아래서 자란 아이에 비해 상대적으로 조금 더 사교적이며, 똑똑한 경향이 있다.

· **허용적 부모**

이 유형의 부모는 아이의 말에 높은 관심을 가지고 반응을 보이지만 아이가 스스로 조절하지 못하는 수준이라도 성숙한 행동을 요구하는 일이 드물다. 이러한 유형의 부모 아래서 자란 아이는 일반적으로 학교생활에서 문제를 일으키고, 생활습관에 어려움을 겪는 경우가 많다.

· **무관심한 부모**

이 유형의 부모는 아이에게 딱히 관심을 주거나 아이의 말을 성의 있게 들어주지 않지만 지나친 요구를 하지도 않는다.

그렇다고 또 아이를 완전히 방임하는 건 아니다. 무관심한 부모 아래서 자란 아이는 거의 모든 방면에서 낮은 능력을 보인다.

권위주의적 유형의 부모는 아이의 말을 잘 들어주거나 아이에게 관심이 많지 않으며 아이를 심하게 통제한다. 아이가 이걸 왜 해야 하냐고 물었을 때 권위주의적 부모의 대답은 아마도 "내가 하라고 했으니까"가 될 것이다. 이 경우 아이들은 "왜?"라고 자유롭게 질문하도록 적극적인 격려를 받지 못하고, 그저 부모가 시키는 대로 해야 한다고 배운다.

이러한 권위주의적 부모가 이겨내야 할 장애물은 다음과 같다.

첫째, 아이를 강하게 통제하다 보면 아이가 반항하는 일이 생길 수 있다.

둘째, 권위주의적 부모는 "내가 그렇게 하라고 했잖아" "지금보다 더 잘해라" "똑바로 하라고" "내 말대로 하든지 아니면 그냥 관둬"와 같은 식의 말을 자주 한다. 이런 식으로 아이에게 도움을 주지 않으면 아이는 혼자서 자신의 감정을 다스려야 하는 상황에 남겨진다. 공포와 부끄러움에 직면한 아이는 굉장한 수치심과 혼란을 느낄 수 있다.

권위주의적 부모들은 이런 식으로 아이를 키운다. 왜냐면 그것이 그들이 커 온 방식이고 자신들은 괜찮게 컸다고 생각하기 때문이다. 어쩌면 진짜 그랬을 수도 있다. 하지만 어떤 사람이 평생 담배를 피우고도 100살까지 살았다고 해서 담배가 우리 몸에 좋은 건 결코 아니다.

체벌에 관한 믿기 어려운 진실

체벌이 아이에게 미치는 장기적인 영향에 관한 최근 연구 결과에 따르면, 체벌은 교육적인 효과가 거의 없을 뿐만 아니라 길게 보았을 때 아이의 성장에도 혼란을 초래할 수 있다. 체벌에 관한 80개 이상의 무수한 연구 중 그 어떤 연구에서도 체벌의 긍정적인 면을 찾을 수 없었다.

관련 연구 기관의 분석 결과를 조금 더 자세히 들여다보니 체벌 받으며 자란 아이들은 우울한 성향을 갖게 되고 스스로를 과소평가한다는 점이 발견되었다. 아이의 자아효능감, 자긍심과 같은 특성이 흔들리기도 한다. 지나친 체벌은 아이가 그저 체벌을 피하기 위해서만 노력하게 만드는 역효과를 가져온다. 또한 신체적인 체벌은 미래에 아이의 정신 건강을 장담하기 어렵게 만든다. 우울증, 불안 장애, 마약 중독, 알코올 중독 등과 같은 증상을 동반할 가능성도 높아진다. 인간의 두뇌 활동에 관한 자료에 따르면 체벌은 지능 검사 결과와도 관련이 있는데, IQ 지수를 관장하는 뇌 영역에 부정적인 영향을 미치며, 여러 종류의 남용, 중독을 증가시키기도 한다는 점에 주목할 필요가 있다. 또한 체벌은 뇌에서 감정과 스트레스 조절을 담당하는 부분에 영향을 준다는 데이터도 있다.

부모는 아이의 교육에 효과적이라는 생각으로 체벌을 가하는데 얼핏 짧은 시간 동안 지켜볼 때는 효과가 있어 보이기도 할 것이다. 하지만 실제로 체벌은 그다지 효과적이지 않은 양육 방식이다. 아이는 체벌에 대한 두려움 때문에 부모의 말에 순종한다. 체벌을 사이에 둔 힘겨루기는 부모와 자식 사이에 마땅히 있어야 할 친밀감과 신뢰가 아닌 거리감과 적대감을 만들어 버린다. 아이는 억울한 마음을 갖게 되고, 부모에게 저항하거나 반항하거나 부모의 지시에 마지못해 따르면서 자신감은 낮아지게 된다.

만약 아이에게 매를 들었는데도 아이의 행동이 고쳐지지 않는다면 그다음에는 어떻게 해야 할까? 더 세게 때리면 될까? 아니면 더 크게 야단을 쳐야 할까? 더 많이 때려야 할까? 오랜 시간을 두고 관찰했을 때 체벌을 당하며 성장한 아이 중 대부분이 공격성을 보인다는 사실은 그리 놀랍지 않다.

사례를 살펴보자. 육아 전문가인 조지 홀든George Holden의 체벌에 관한 연구에 참여한 한 엄마는 이제 막 걷기 시작한 아기가 자신을 발로 차자 아기를 때리며 이렇게 말했다. "네가 이렇게 맞아 보면 앞으로 엄마를 때리면 안 된다는 사실을 똑똑히 기억하게 되겠지." 홀든은 실로 아이러니한 이런 상황이 놀랍다고 말한다.

얼마나 많은 부모가 습관적으로 체벌이라는 방식을 반복하고 있는지는 굳이 따지지 않겠다. 하지만 스스로에게 한 번이라도 '지금처럼 계속 아이에게 소리 지르고 때리는 게 과연 필요한 일일까?'라고 질문해 보았으면 한다. 현실은 대부분이 너무 늦어 버릴 때까지 알아채지 못한다.

세상에서 가장 행복한 덴마크인들은 체벌, 고함, 힘겨루기에 대해 어떻게 생각할까? 덴마크에서는 1997년에 아이들에 대한 체벌이 금지되었다. 덴마크 사람들 대부분은 훈육의 한 방식으로 체벌하는 것을 상당히 이상할뿐더러 고려할 가치조차 없다고 여긴다. 스웨덴에서는 덴마크보다 빠른 1979년에 이미 체벌이 금지되었다. 이런 분위기에 힘입어 현재는 대부분의 유럽 국가를 비롯한 코스타리카, 이스라엘, 튀니지, 케냐를 포함하여 전 세계 32개 이상의 국가에서 이와 유사한 체벌 금지 법안을 제정했다.

덴마크의 훈육 방식은 상당히 민주적이다. 앞에서 설명한 네 가지 유형의 부모 중 '권위 있는 부모' 유형에 가깝다. 부모는 아이가 지켰으면 하는 규칙과 가이드 라인을 미리 정해 두고, 아이가 규칙을 물어보면 언제든 흔쾌히 설명해 준다. 덴마크 사람들은 어린이라는 존재는 본질적으로 선하다고 여기며, 이러한 태도로 아이를 대한다. 흥미로운 예가 있다. 영아기의 아이를 칭하는 덴마크어와 영어가 어떻게 다른지 살펴보면, 돌 즈음의 아기를 영어로는 흔히 '끔찍한 두 살'이라고 부르는데, 덴마크어로는 '경계 연령'이라고 부른다. 아이가 자신의 영역을 확장하는 행동을 두고 끔찍하다거나 짜증 나는 일이라고 여기지 않고 정상적이고 환영할 만한 모습으로 받아들이는 것이다. 덴마크인의 관점에서 바라보면 아이가 어쩌다 실수하고 잘못하는 건 벌을 줄 행동이 아니다. 오히려 쉽게 용서하고 받아들이게 된다.

덴마크에서는 부모가 아이에게 고함을 치거나 체벌하는 모습을 보기가 어렵다. 아이에게 소리를 지르는 가정도 극히 드물다. 어떻게 이게 가능한 걸까? 인터뷰를 통해 만났던 한 부모는 이렇게 답했다.

"이런 상황에서 다른 무엇보다 가장 중요하다고 생각하는 건 부모로서 침착함을 유지하고 이성의 끈을 놓지 않게끔 노력하는 거예요. 부모인 내가 나 자신을 다스리지 못하면서 아이에게 그 모습을 기대해서는 안 된다고 생각해요. 그건 불공평한 거예요."

덴마크 부모가 다른 문화권의 부모에 비해 마음이 여리다거나 유독 카리스마가 없다는 뜻이 결코 아니다. 부모가 단단하면서도 동시에 다정한 태도를 유지하면 아이와 싸우거나 지나친 훈육을 하는 상황으로 흐르지 않게 할 수 있다. 갈등 상황을 피함으로써 이전보다 더욱 평화롭고 안정감 있는 가정 분위기를 만들 수 있게 될 것이다.

존중하는 육아

덴마크 사람들은 아이가 부모를 존중하길 기대한다. 그러나 이때의 존중이라는 것은 아이만의 일방적인 의무가 아닌 서로 간에 이루어져야 하는 개념이다. 상대에게 존중받길 원한다면 나 역시 상대를 진심으로 존중해야 한다. 아이를 공포와 두려움이라는 감정으로 다스리는 것이 가지는 또 하나의 문제는 아이가 부모에게 존경심을 가질 수 없다는 점이다. 그저 아이가 부모를 두려워하게 만들 뿐이다.

아이에게 단호한 태도를 취하는 것과 아이를 두렵게 만드는 건 다르다. 두려움을 느끼는 아이는 어떤 행동을 왜 하면 안 되는지에 대한 해답을 찾는 게 매번 어렵다. 아이는 그저 부모의 윽박을 듣는 게 두려워 그 소리를 피하기에 바쁠 것이다. 이런 방식으로는 아이의 단단한 자아 형성을 기대할 수 없다. 단단한 자아라는 건 지켜야만 하는 규칙들이 왜 필요한 것인지에 대해 궁금해하고 그 이유를 이해한 후 규칙을 구체화하고 스스로 규칙에 가치를 부여하는 것으로 시작한다. 규칙을 그저 두려워하는 것은 매우 다른 태도임에 분명하다.

고성이 오가는 적대적인 환경은 아이가 성장하는 데 아무런 도움이 되지 않는다. 아이가 부모를 두려워한다면 시간이 지날수록 아이가 하는 말이 진심인지 아닌지도 확신하기 어려워질 것이다. 아이는 겁이 나고 혼나기 싫은 마음에 부모가 기대하는 말만 하게 될지도 모른다. 두려움이라는 감정은 아이에게 상당히 큰 영향을 미치고, 부모와 친밀감과 신뢰를 쌓기 어렵게 만든다. 가정 안에서 비난, 수치, 고통이 아닌 서로를 존중하는 안정적인 분위기를 만들어 간다면 부모와 아이는 진심으로 마음을 열고 친밀한 관계를 형성할 수 있을 것이다.

실제로 지금까지 증명된 여러 연구 결과를 살펴보면, 권위 있는 유형의 부모에게서 자란 아이는 자기주도적인 성향이 강하고 사회성도 발달하였으며 학업 성취 수준이 높고 행동거지가 반듯하다고 한다. 또한 우울증과 불안으로 고통받는 경우가 드물고, 마약 중독과 같은 탈선 행동에 가담하는 경향이 덜하다는 점도 나타났다. 또한 부모 중 다행히 한 명이라도 권위 있는 부모 유형이라면 그렇지 않은 경우와 상당한 차이가 난다고 한다. 이런 환경의 아이들은 상대적으로 친구들의 영향을 적게 받으면서도 부모와 수월하게 안정적인 관계를 유지한다.

　미국의 학생들을 대상으로 한 연구에서도 비슷한 결과를 살펴볼 수 있다. 대학생들에게 도덕적인 가치를 다루는 문제를 제시하고 이 문제를 어떻게 해결할 것인가를 설명해 보라고 했다. 권위 있는 부모를 둔 학생들은 문제의 해결책을 고민하는 과정에서 친구들보다는 부모님의 영향을 더 많이 받았다고 답하는 경향이 높았다.

덴마크 학교의 훈육 엿보기

덴마크의 학교에서는 매년 새 학기가 시작될 때 담임 선생님이 아이들과 함께 우리 반의 규칙을 만들어 민주주의를 실천하고 권유한다. 새 학기를 시작할 때면 담임 선생님은 반 아이들과 좋은 반이란 어떤 반인지, 좋은 반을 만들기 위해 구성원들이 어떤 가치를 따르고 어떤 행동을 하면 좋을지 등 학급의 규칙에 관해 깊이 있는 이야기를 나눈다. 여기서 말하는 규칙이라는 것은 지각하지 않기부터 다른 친구를 존중하는 방식에 이르기까지 어떤 것이든 포함될 수 있다. 중요한 것은 학급 규칙을 정하는 과정에 학급의 모든 아이가 참여해야 한다는 점이다. 그렇기에 반마다 규칙들이 다를 수밖에 없다. 학생들은 학년이 올라갈수록 더욱더 어른스러워지고 책임감도 커지기 때문에 매년 새롭게 규칙을 정한다.

이러한 시도는 놀라운 결과를 가져온다. 이벤은 작년에 딸 줄리의 반에서 있었던 일을 예로 들었다. 줄리의 반에서 정한 규칙에 따르면 만약 한 아이가 수업시간에 너무 시끄럽게 떠들거나 다른 아이들을 방해하면 반 아이들 전체가 일어나서 함께 교실을 걸으며 박수를 10번씩 쳐야 했다. 이 규칙은 학기 초에 아이들 모두가 함께 정한 것이었다. 떠든 아이는 자신의 행동이 담임 선생님뿐만 아니라 같은 반의 모든 친구에게 피해를 주었다는 사실을 자연스럽게 깨닫고 책임감을 느끼며 그 행동을 멈추었다. 이 규칙은 교실을 소란하게 만드는 아이들의 행동을 제지하는 데 놀라울 정도로 강력한 효과가 있었다.

덴마크에서는 아이가 문제 행동을 보일 때 어떤 벌을 어느 정도 줄지보다 어떻게 하면 이 문제를 예방할 수 있을지에 훨씬 더 많은 시간과 에너지를 쏟는다. 그런 이유로 대부분의 학교에서 학생들에게 일어날 수 있는 다양한 문제들에 대비한 여러 종류의 장치를 마련해 둔다. 예를 들어 ADHD를 겪고 있는 아이를 위해서는 수업에 집중하는 데 도움이 될 푹신푹신한 방석을 준비해 둔다. 방석의 한쪽 면에는 뾰족한 마사지 볼을 달아 두어 무의식적으로 아이의 긴장감을 살짝 높여 바른 자세로 수업에 집중할 수 있도록 돕는다. 또 오래 앉아있는 걸 견디기 힘들어하는 아이를 위해서는 아이가 의도치 않게 다른 친구들을 방해하는 일이 없도록 작은 장난감이나 껴안고 있을 만한 것들을 준비해 둔다. 말랑말랑한 고무공 형태의 스트레스 볼과 기다란 줄이 들어있는 물품 세트는 아이가 물건들을 만지며 손을 부지런히 움직여 집중력을 높이는 데에 도움을 준다. 또 넘치는 에너지를 조절하기 어려워하거나 공격적인 성향을 가진 아이를 위해서는 에너지를 소모할 수 있도록 운동장에 나가서 신나게 뛰고 돌아올 수 있도록 한다.

덴마크의 교사들은 디퍼런티에differentiere라고 불리는 지도 원칙을 따라야 한다. 이 원칙의 핵심은 기본적으로 교사는 학생들 한 명, 한 명마다 각자 필요한 것이 있는 개인으로 바라봐야 한다는 점이다. 교사들은 학급의 학생마다 적절한 수준의 목표를 함께 세운 뒤, 일 년에 두 번씩 성장 수준을 체크한다. 목표는 학습 영역일 수도 있고 학업과 관련이 없는 지극히 개인적인 것, 혹은 친구 관계에 관한 것일 수도 있다. 이런 원칙에 따라 지도하면서 교사들은 교실 안의 학생들을 '구별'하게 되고, 학생들은 각자의 필요에 맞게 행동하고 반응할 수 있게 된다.

이러한 원칙이 중요한 이유는 앞서 살펴본 바와 같이 부모가 아이를 어떻게 바라보는지에 따라 아이를 대하는 자세가 달라지기 때문이다. 버릇없고 우유부단한 아이로 바라본다면 그러한 본인의 관점에 비추어 아이를 대할 것이고, 순수하고 모범적인 아이로 바라본다면 벌을 주기보다는 오히려 관대한 마음으로 아이를 용서하고 도와줄 가능성이 매우 크다. 매사에 짜증 나게 만드는 아이에게서 악의 없는 의도와 선한 마음을 볼 수 있다면 부모의 인내심은 훨씬 더 쉽게 발휘된다. 이 행동은 부모에게 되돌아오고, 부모에게서 다시 아이에게 전달

되는 선순환이 시작된다. 선함은 선함을 낳고, 침착함은 또 다른 침착함을 낳는다.

명심하자. 나쁜 건 아이가 아니라 아이가 한 행동이다. 이 두 가지를 구별하는 건 매우 중요하다.

힘겨루기를 피하자

교사로 재직하던 시절, 이벤은 매사에 반항적이고 짜증 나게 만드는 한 아이와의 힘겨루기를 피한 경험이 있었다. 그 아이에게는 '말썽꾸러기'라는 별명이 늘 따라다녔다. 학급의 다른 아이들은 담임인 이벤이 그 아이를 지나치게 허용해 준다고 생각했지만 이벤의 생각은 달랐다. 이벤이 가장 중요하게 생각했던 건 그 아이를 '나쁜 학생'이라는 틀에 가두지 않는 것과 아이와 크게 충돌하는 상황은 되도록 피해야 한다는 것이었다. 또 아이의 가정 상황이 좋지 않다는 사실을 알고 있었기 때문에 언제나 다정하게 대하려 노력했다. 사실 아이는 유쾌하고 영리했다. 이벤은 아이가 가진 장점에 집중하고, 그 밖의 사실과 단점은 무시하기로 했다. 아이가 스스로에게 갖고 있던 나쁜 편견을 떠올리지 않도록 돕기 위해서였다. 아이와 이야기 나눌 때는 존중하는 태도로 아이가 반드시 좋은 사람이될 수 있을 거라 믿었다.

몇 년이 지났다. 아이는 학교에 대한 기억이 좋지만은 않았을 텐데도 동창회에 나타났다. 자신의 삶이 어린 시절 담임 선생님이었던 이벤 덕분에 완전히 달라졌다는 감사 인사를 전하러 온 것이었다. 그는 이벤이 "나는 너를 믿어. 너는 분명히 잘살아낼 거야"라고 했던 오래전의 말을 기억하고 있었다. 선생님이 자신에게 보여 주었던 믿음이 스스로 자신을 믿고 더 나은 사람이 될 수 있는 힘이 되었다고 회상했다.

이벤은 깊은 감명을 받았고, 사람과 그 사람의 행동을 구별해서 바라보는 게 얼마나 중요한 일인지 새삼 깨달았다. 사람을 믿고 그 사람이 자신을 다른 관점에서 바라보게 돕는 것의가치를 알게 되었다. 행동은 그저 행동일 뿐이고 그 사람 자체가 아니라는 것을 떠올리며, 그 사람이 자신을 나쁜 사람으로규정짓지 않게 도와주는 것이 얼마나 중요한 것인지 깨닫게된 것이다.

지금까지 우리는 아이에게 더욱 민주적인 방식으로 다가가는 것이 아이의 편안과 행복, 회복력에 어떻게 도움이 되는지를 살펴볼 수 있었다. 그렇다면 덴마크식 교육법을 일상에서어떻게 적용할 수 있을까?

자신을 들여다보자

가장 듣기 싫어하는 몇 가지 말들을 떠올리며 거울 앞에 서보자. 내가 듣기 싫어하는 그 말들은 내 아이도 지독히 듣기 싫어하는 말이다. 누가 당신에게 소리를 지르거나 위협하는 행동을 싫어한다면 내 아이에게도 하지 말자. 맞는 게 싫다면 아이를 때리지 말자.

다른 사람의 시선을 의식하지 말자

다른 사람이 부모인 나나 내 아이의 행동을 어떻게 생각할지 걱정하는 걸 멈추자. 누군가 나를 지켜보고 있다는 스트레스가 커질수록 아이에게 소리를 지르거나 체벌을 하는 상황이 증가하기 때문이다.

친구네 집에 방문했건 집에 머물건 가족이 함께 식당에 갔건 간에 당신이 옳다고 생각하는 가치관에 따라 일관되게 행동해야 한다. 당신의 진심에서 우러나온 마음과 소신에 따라 행동한다는 말이다. 다른 사람들이 아이를 어떻게 키우는지 혹은 당신에게 아이를 어떻게 키워야 하는지에 관해 하는 말들에 크게 좌우되지 말고, 무엇이 아이를 진정으로 위하는 일인지에 집중하고, 소신 있는 육아가 성공할 거라 확신했으면 한다. 대부분의 부모가 이제껏 해오던 방식을 고수한다. 하지만 지금 이 글을 읽는 당신은 그러지 않기를 바란다. 더 크고 힘든 일을 해내면서 하던 대로 해오던 일상에 서서히 변화를 일으키는 것이다. 덴마크식 교육이라는 가치를 공유하는 모임을 만들어 부모들이 서로 도움을 주고받기를 권한다. 당신이 추구하는 가치를 믿고 노력해 보자. 더 행복하고, 더 회복력을 가진, 그리고 더 적응력을 갖춘 어른으로 자라날 아이가 그 증거다.

덴마크의 훈육 방식은 확실히 효과적이다. 만약 가족이나 친구들 앞에서 소신을 가지고 아이를 훈육하는 것이 못내 눈치가 보인다면 차라리 그 모임에 가지 않는 것도 방법이다. 심호흡하고 침착하게 생각하는 습관을 기르고 유머의 힘을 이용하면서 아이에게 해결책을 제시해 보자. 타인이 당신이나 당신의 아이를 어떻게 생각할지 걱정하지 않아도 된다. 아이는 훗날 더 행복하고 건강하게 성장할 것이다. 그거면 충분한 거아닐까.

침착하게 행동하며 선을 정확하게 긋자

전투와 전쟁의 차이를 구분했으면 한다. 일상의 소소한 모든 전투를 다 치를 필요는 없다. 아이의 옷차림, 헤어스타일, 외모가 언제나 완벽해 보일 수는 없는 노릇이다. 아이가 우스꽝스러운 배트맨 셔츠를 입는다고 무슨 일이 나지 않는다. 매일의 모든 끼니마다 반찬을 하나도 남기지 않고 싹 비우지 않아도 된다. 영어를 잘 못한다고 죽기라도 하나? 일상의 소소한 일들을 수행해 내는 게 모두 정말 그만한 가치가 있는 일일까?

부모가 가지는 물음에 대한 답을 찾기 위해서는 '정확한 선'이 있어야 하는데 이 선은 부모인 당신과 배우자가 확실하게 정해야 한다. '정확한 선'을 결정하는 일은 친구 집에 놀러가서나 식당에서 할 수 있는 일은 당연히 아니다. 부모에게 정확한 선은 무엇이고 이 선을 아이에게 언제 가르치고 싶은가? 낯선 사람들이 지켜보는 공공장소에서 아이를 혼내며 한바탕 소란을 일으키는 방식의 가르침이 아이가 부모를 존경하게 만들수 있을지 자문해 봐야 한다.

하지만 정확한 선을 긋고 지키게 만들겠다는 이유로 아이를 군인처럼 키울 필요가 없다는 걸 기억해야 한다. 아이들은 저마다 먹기 싫고, 입기 싫고, 말하기 싫은 것들을 하나씩 표현하는 과정을 거친다. 아이들은 이런 과정을 거치며 조금씩 성장한다. 만약 당신이 일관된 태도를 유지한다면 아이도 부모를 이해하게 된다. 핵심은 이 과정에서 부모가 침착함을 잃지 않는 것이고, 중요하다고 생각하는 가치에 계속해서 집중하는 인내심을 갖는 것이다.

제시카의 딸은 한동안 외투를 입거나 양말을 신는 것을 거부했다. 제시카는 딸의 행동이 매우 못마땅했지만 외투를 안 입거나 양말을 신지 않은 채로 외출하도록 두는 것 말고는 별다른 방도가 없었다. 하지만 어느 순간 딸은 이렇게 말했다. "엄마, 나 추워요! 양말 신을래요." 비록 시간이 걸리긴 했지만 아이는 또 하나의 관문을 무사히 통과했다. 또 한번은 딸이 주위 사람들에게 인사를 제대로 하지 않던 때가 있었다. 사람들이 멈춰서 인사를 건네도 고개를 획 돌려 버리고 말았다. 제시카는 아이에게 함께 인사하라고 계속해서 말했지만 딸은 엄마의 말을 신경 쓰지 않았다. 신기하게도 6개월 정도가 지난 어느 날, 아이가 갑자기 먼저 인사를 하기 시작했고 지금까지도 계속 인사를 곧잘 하고 있다. 아이들은 스스로를 대상으로 무언가를 시험하기도 한다. 만약 아이의 이런 순간들이 부모와의 힘겨루기만으로 끝나 버린다면 아이 스스로 성장하는 기회를 놓칠 뿐만 아니라 아이를 키우는 일상이 너무 괴로워질 것이다. 부모가 침착함을 유지한다면 누구에게나 이런 괜찮은 순간이 찾아오기 마련이다.

해결책 제시하기

아이가 물건을 집어던지고 있다. 그 모습이 거슬리는 부모는 대부분 이렇게 말한다.

"그만 던져! 한 번만 더 던지면 혼나!"

하지만 그런 식의 경고보다는 아이가 던지던 물건을 치우고 아이의 주의를 다른 곳으로 돌린 후 다른 장소로 데려가는 것이 더 효과적이다. 그만하라고 할 때는 부모의 침착함이 열쇠다. 안된다고 명확하게 표현하되 장난스러운 표정과 행동으로 아이가 던진 물건에 맞아 아파하는 시늉을 한 후에 다시 돌려준다. 아이가 물건을 또 던지면 반복해서 고개를 저으며 아파하고 괴로워하는 모습을 보여 주자. 물론 처음에는 아이가 부모의 이런 행동을 이해하지 못할 수 있다. 하지만 계속해서 반복하다 보면 아이도 이해할 것이다.

친구를 때리거나 깨무는 행동은 절대 용납할 수 없는 일이므로 그런 경우에는 아이의 손을 잡고 단호하게 "안돼!"라고 말하고, 아이가 사과하고 사과의 행동을 취하도록 해야 한다. 이 과정에서 아이는 상대에게 사과하는 법과 다른 사람을 때리거나 물면 안 된다는 점을 명확하게 배운다.

기억해야 할 점은 일련의 과정들이 되도록 신속하게 이루어져야 한다는 것이다. 아이들은 방금 자기가 어떤 행동을 했었는지 금세 잊어 버리기 때문이다. 아이가 옳지 못한 행동을 했을 때에는 그 순간 신속한 반응을 보여야 한다. 아이가 처음에는 비록 사과의 의미를 이해하지 못할 가능성이 높지만 시간을 들여 반복하여 가르친다면 결국 이해할 것이다.

전쟁 같은 식사 시간

아이가 얼마나 배가 고프냐에 따라 식사에 대한 반응은 달라진다. 만약 아이가 점심을 많이 먹었거나 바로 전에 간식을 먹었다면 저녁 시간이 되어도 그다지 허기지지 않을 것이다. 음식을 섭취하는 것은 혈당 조절과도 관련이 있어서 아이가 식사 전에 어느 정도 먹었느냐가 식탁에서 보이는 아이의 행동에 분명한 영향을 끼친다. 아이를 이해하기 시작하면 아이가 왜 이런 행동을 하는지가 보이기 때문에 적절한 반응을 보일 수 있다. 음식을 앞에 두고 깨작거리는 아이를 향해 불같이 화를 내기보다 현재 아이의 상황을 이해하려 노력해 보자. 부모인 우리가 너무 배가 고프거나 부를 때 주로 어떻게 행동하는지를 떠올려보고 거기에서 시작하면 된다.

식탁에 앉은 아이에게 음식을 즐기고 소중히 여기는 태도를 가르쳐 주자. 이는 아이의 평생에 커다란 선물이 된다. 우리를 살아가게 하는 음식과 건강하고 사랑스러운 관계를 맺는 건 인생에 행복감을 가져다줄 수 있다. 먼저 당신에게 음식이란 어떤 존재인지 떠올려보고 내가 건강한 식습관을 가지고 있는지 점검해 보자. 식사 시간은 가족이 한자리에 모여 함께 즐기는 시간이 되어야 한다.

다양한 종류의 음식을 아이의 그릇에 조금씩 덜어 주고, 아이가 원하는 대로 먹을 수 있게 해 준다. 먹는 중인 아이에게 이것도 먹고 저것도 먹으라고 강요해서 긴장되는 상황을 만들지 않도록 한다. 가족의 식사 시간은 그 어느 때보다 친밀하고 행복한 시간이 되어야 한다. 계속해서 먹으라고 강요당하는 상황에선 누구라도 입맛을 잃는다.

식사 시간을 거창하게 생각하면 거창한 시간이 된다. 음식은 늘 거기 그대로 있으니 아이가 먹고 싶을 때 돌아와 먹을 수 있다. 우리도 매번 모든 음식을 감사하게 생각하고 좋아하거나 그릇을 깨끗이 비우는 게 어렵듯이, 아이에게도 아이가 좋아하지 않는 음식을 매번 강요해서는 안 된다. 물론 어쩌다 한 번씩 음식을 권하는 것 정도는 괜찮지만 모든 식사마다 강요해서는 안 된다. 아이 스스로 규칙을 발견할 수 있어야 부모를 존중하게 된다. 부모는 아이의 본보기라는 사실을 항상 기억하자.

크게 스트레스를 받지 않는 상황이라면 모든 게 나쁘지 않다. 특히나 식사에 관해서는 더더욱 그렇다. 음식과 식사 시간에도 아이들에게는 통과해야 할 관문이 존재한다. 거부하는 아이에게 브로콜리 같은 것을 무턱대고 강요하지 않고, 몸에 안 좋은 과자 대신 건강한 음식을 준비해 주면 아이들은 식사 시간이 소중하고 즐거운 시간이라는 걸 알게 될 것이다.

덴마크 부모들은 아이에게 음식을 먹이고 싶을 때 이렇게 말하곤 한다. "이걸 먹으면 키도 크고 힘도 세진대! 키도 크고 힘도 세지고 싶은 사람?" 그러고는 아이에게 자신의 근육을 자랑하며 아이에게도 팔에 힘을 줘 보라고 한다. 아이에게 힘과 튼튼함은 채소를 비롯한 건강한 재료의 음식으로부터 나오는 것이라고 얘기해 준다. 이런 식의 대화는 올바른 식사 습관을 위한 생각보다 훨씬 괜찮은 방법이다.

규칙을 설명하고 이해를 돕자

"안전벨트 매야지."

"하기 싫어요."

"왜 안전벨트를 해야 하는지 엄마가 전에 설명해 줬었는데 기억 나니?"

"아니요."

"안전벨트를 안 하면 사고가 났을 때 엄청 크게 다쳐서 병원에 가야 해. 병원에 가고 싶어?"

"아니요. (안전벨트를 단단히 맨다.)"

아이의 눈높이에 맞춰서 아이가 이해할 수 있도록 친절하게 설명해 줄수록 효과적이다. 이런 식의 접근은 부모가 아이를 존중하고 있음을 표현하고, 부모가 아이와 같은 편에 서서 같은 마음으로 같은 목표를 향해 달려가도록 돕는다.

시작해 보기

· 실천 계획 세우기

부모가 아이에게 바라는 가치는 무엇일까? 나와 배우자의 의견, 즉 부모 양쪽의 생각이 모두 중요하다.

· 체벌하지 않기

혹시나 아이를 체벌하고 있다면 때리지 않겠다고 다짐하자. 체벌은 불필요할뿐더러 아이와 부모 사이를 멀어지게 하고 불신만 키울 뿐이다.

· 소리 지르지 않기

아이에게 소리를 너무 많이 지르는 건 아닐까? 이것도 당장 그만 두어야 한다. 아이에게 소리를 지르는 건 정말 긴급하고 절실하게 필요할 때에만 사용하는 방법이어야 한다. 소리 지르는 걸 듣고 기분 좋을 사람은 아무도 없다. 부모는 그 자체로 아이의 롤모델이므로 아이는 부모의 모습을 그대로 따라 한다. 아이가 자신을 스스로 조절하며 바르게 행동하는 사람으로 성장하길 바란다면 부모인 우리가 먼저 모범을 보이고 바람직한 롤모델이 되어 주자.

그렇다면 때리거나 소리 지르는 걸 그만둘 방법이 있을까?

먼저, 부모인 나의 스트레스를 줄여야 한다. 충분한 수면을 취하고 심호흡을 하고 운동을 하자. 그리고 아이와 떨어져 나만의 시간을 갖도록 노력하자. 부모가 아이에게 소리를 지르거나 체벌하는 행동은 혼자만의 시간이 부족한 경우에 잦아지는 경향이 있다.

또 아이의 행동에 일일이 반응할 필요가 없다. 아이 때문에 화가 머리 꼭대기까지 올랐다고 느껴지면 깊게 숨을 한 번 들이마시고 내쉬어 보자. 아이가 없는 방으로 가서 잠시라도 쉬는 시간을 가지는 것도 분명히 도움이 될 것이다. 이 상황에서 아빠는 엄마에게, 엄마는 아빠에게 바통을 넘길 수 있다면 넘기는 것이 좋다.

부모는 아이를 체벌하지 않는 것과 아이에게 소리를 지르지 않는 것에 대한 가치를 공유하고, 아이가 해서는 안 되는 행동에 관한 공통적이고 확고한 태도를 나누어 가져야 한다. 부모 모두가 가치관을 일관되게 공유하는 것은 중요하다. 이는 서로 감정이 격해지는 상황을 막을 수 있도록 돕는다. 아이를 가르치는 과정에서 부모 중 한 명이 한계에 다다랐다고 느끼면 배우자에게 주도권을 넘기자. 이런 식의 가르침을 지속한다면 차분해진 아이를 만나는 데 그리 오래 걸리지 않을 것이다.

덴마크식 훈육을 위한 일상의 노력

1. 아이와 행동을 구분하기

세상에 나쁜 아이는 없다. 나쁜 행동이 있을 뿐. 그리고 나쁜 방식의 훈육 방식도 분명히 존재한다.

2. 아이와의 힘겨루기 피하기

부모가 아이와 싸우고 싶지 않다면, 사실 싸울 일도 없을 것이다. 어떻게 하면 아이를 이길까를 고민하지 말고 아이와 부모가 함께 이기는 방법을 고민하자.

3. 아이를 탓하지 않기

부모가 먼저 아이에게 책임감을 가지고 다음번에 더 잘하려고 노력하면 된다.

4. 아이들은 선하다는 사실을 기억하기

아이들이 끊임없이 규칙을 시험하고 반항하는 건 지극히 자연스러운 일이다. 아이들은 나쁘거나 영악하지 않다. 지금 보이는 아이의 모습은 아이가 성장하는 과정임을 기억하자.

5. 아이를 가르치기

아이를 잘 이끌어 주고, 제대로 가르치자. 단순히 아이의 잘못된 행동에 벌을 줄 것이 아니라 아직 더 가르침이 필요한 존재로 바라보아야 한다. 아이의 나쁜 행동을 해결할 길을 찾아보자. 아이들에게 '나쁜' '영악한' '끔찍한' 같은 꼬리표를 붙이지 말라. 행동은 행동일 뿐 그 행동은 아이가 아니다.

6. 다른 관점으로 바라보기

주변 사람들과 아이의 긍정적인 점을 찾아보자. 부모가 먼저 다른 관점으로 바라보는 법을 배우고 이 방법을 아이들에게 알려 준다면 모두가 더욱 배려하며 행복해질 수 있다.

7. 모든 일은 결국 내게 돌아온다는 걸 기억하기

좋음은 좋음을 낳고, 나쁨은 나쁨을 낳는다. 부모의 혼란은 아이의 혼란을 낳고, 부모의 침착함은 아이의 침착함을 낳는다.

8. 부부 두 사람이 함께하기

부모 둘 중 한 명이라도 권위 있는 부모 유형에 속한다면 그 가정의 육아 방식은 확연하게 긍정적인 차이를 가져온다는 연구 결과가 있다. 부모 둘 다 권위 있는 유형이라면 훨씬 더 좋다.

9. 부모의 훈육 태도를 점검하기

평소에 아이에게 건네는 최후의 경고성 말들을 모두 적어 보자. 당신이 적은 말들은 당신이 부모에게서 들었던 말들과 어떤 차이가 있는지 비교해 보자. 어떻게 하면 이를 더 긍정적인 문장으로 바꿀 수 있을까?

10. 항상 아이의 나이를 고려하기

아이의 나이(근접발달 영역)를 고려한다면 지금 나이의 아이에게 기대할 수 있는 행동에는 어떤 것들이 있을까? 각각의 시기마다 아이에게 기대할 수 있는 행동이 다르다. 아이는 어른과 같지 않기 때문이다.

11. 아이의 모든 감정을 인정하기

아이가 느끼는 감정이 부모의 눈에 못마땅하게 보여도 아이의 모든 감정을 있는 그대로 받아 주자. 다른 사람들이 내 아이의 감정에 대해서 뭐라고 생각하든 신경 쓸 필요가 없다. 어른과 마찬가지로 아이들도 가끔은 기분이 별로인 우울한 하루를 보낼 수 있다. 우울해 보이는 아이의 모습에 지나치게 스트레스를 받지 않으면 덜 신경 쓰일 것이고, 이 과정에서 아이는 자신의 감정을 스스로 조절하는 경험을 쌓아가게 될 것이다.

12. 반항은 일종의 대답

반항 역시 소통의 한 가지 방법이라는 점을 기억하자. 또한 아이의 독립심이 자라고 있다는 신호이기도 하다. 반항하는 아이를 대할 때 짜증을 내기보다는 아이의 반항이 의미하는 바를 떠올리며 그 모습 그대로를 받아들이자.

13. 나쁜 행동은 상황의 맥락에서 파악하기

아이가 좋지 않은 행동을 하게 만들 만한 상황의 변화는 없었을까?

14. 아이를 때리는 원인을 찾기

당신이 아이를 때릴 만큼 화가 나는 이유가 무엇인지 파악하는 게 중요하다. 당신을 폭발하게 만드는 시점은 언제이며, 어떻게 하면 그 시점까지 가는 걸 막을 수 있을까? 혹시 지금 당신에게 운동이나 충분한 수면이 필요한 건 아닐까? 지금 당신에게 진짜 필요한 것을 파악하여 주변에 도움을 청하자.

15. 아이의 말을 듣고 있음을 표현하기

아이에게 경청하고 있음을 표현해야 한다. 아이가 무언가를 요청한다면 그 요청을 들어줄 수 있는 상황이 아니더라도 최소한 아이의 말을 경청하고 이해했음을 표현한다. 아이가 한 말을 반복하면서, 충분히 듣고 이해했다는 사실을 알려 주자. "네가 사탕이 먹고 싶은 건 알겠지만…" 하는 식의 말이다. 그러고 나서는 사탕을 왜 먹으면 안 되는지 그 이유도 알려 줘야 한다. 아이에게 존중하는 법을 가르치고 아이를 존중하면 당신은 아이로부터 더 존경받는 부모가 될 것이다.

7장

연대감과
휘게

팀원들 간의 단단한 믿음을 바탕으로
'우리'를 위해 '나'를 포기할 때
좋은 팀은 훌륭한 팀으로 거듭나게 된다.
—필 잭슨

13년 전, 제시카는 처음으로 덴마크에 있는 남편의 가족들과 함께 시간을 보냈다. 제시카에게는 말 그대로 압도적인 경험이었다. 과장이 아니다. 덴마크 가족들의 생활 방식은 '휘게Hygge'라는 단어의 의미 그대로 "함께 모여 아늑한 시간을 보내는 일상" 그 자체였던 것이다. 가족들은 함께 모여 촛불을 밝히고 게임을 하거나, 맛있는 음식과 달콤한 간식을 나눠 먹으며 한없이 아늑하고 편안한 분위기 속에서 서로의 안부를 주고받았다. 며칠 동안 덴마크인 대가족은 그저 함께 얘기하고 휴식을 취하는 것이 전부였다. 미국인인 제시카는 처음에는 이런 문화가 이상하게 느껴졌지만, 지난 13년간 이러한 가족 문화를 지켜보며 마침내 휘게의 비결을 알아냈다.

　미국에 있는 제시카의 가족 분위기는 매우 달랐다. 제시카의 가족은 거의 규칙처럼 각자의 공간에서 휴식을 취하고 난

뒤, 어느 정도 정해진 시간만 함께 보냈다. 그들은 서로를 존중하며 일정한 거리를 두고 자기 일을 하면서 휴식을 취하는 생활 방식을 당연하게 여긴다. 만약 미국인에게 가족들과 함께 모여 더 많은 시간을 보내야 하는 이유와 장점을 설명한다면 아마 자신의 권리를 침해받는다고 여길 것이다. 또 이런 낯선 생활방식은 가족을 혼란스럽게 하고 말싸움을 유발할 수도 있다. 사실 제시카는 어떻게 덴마크 가족들이 오랜 시간 함께 시간을 보내면서도 싸우거나 갈등을 빚지 않고 편안할 수 있는지 도무지 이해가 되지 않았다. 그도 그럴 것이 제시카는 가족, 친척들과 함께 모여 있다 보면 언제나 누군가의 문제나 실패한 사업, 사고 같은 이야깃거리가 필요했으니까 말이다. 하지만 남편의 가족은 거의 다투지 않았고, 오히려 함께 모인 가족이 하나가 되어 기름칠한 기계처럼 부드럽게 돌아가고 있었다.

혹시 이렇게 가족과 함께 편안한 시간을 즐기는 것이 덴마크가 세계에서 가장 행복한 나라로 꼽힐 수 있었던 주요한 원인은 아닐까? 그렇다, 이거다! 연구 결과에 따르면 인간이 행복과 편안함을 느끼는 가장 큰 비결 중 하나가 바로 가족, 친구와 함께 좋은 시간을 보내는 것이다. 우리가 살아가는 바쁜 현대 사회는 여유로운 시간을 쉬이 허용하지 않겠지만 덴마크인

들은 휘게라는 삶의 방식이 일상에 스며들도록 계속 노력하고
있다.

삶의 방식으로서의 휘게

휘게라는 단어는 19세기로 거슬러 올라가서, '생각하다' 혹
은 '만족감을 느끼다'라는 뜻의 게르만어 'hyggja'에서 유래되
었다. 휘게는 미덕이자 자존감의 근원이며 기분이나 마음 상
태를 의미하기도 한다. 덴마크의 문화는 휘게를 기반으로 하
기 때문에 휘게는 덴마크 사람들이 행동하고 존재하는 방식과
다르지 않다.

덴마크 사람들은 삶의 방식인 휘게를 따라 가족이나 친구
들과 오붓한 시간을 보내기 위해 함께 노력한다. 예를 들어 해
마다 크리스마스가 다가오면 가족 구성원 모두가 촛불을 밝히
고 맛있는 음식을 차리며 편안한 분위기를 만드는 데 동참하
는데, 준비에 대한 책임을 어느 한 사람에게만 지우지 않는다.
또 한 사람이 모든 일을 다 하고 있다는 불만이 생기지 않도록
다 함께 도와가며 일한다. 큰 아이들은 동생들을 도와 같이 놀
아 주는 역할을 맡고, 어른, 아이 할 것 없이 모두가 함께 참여

할 수 있는 놀이를 한다. 때로 함께 어울리고 싶지 않을 때라도 되도록 함께하려 노력한다. 함께하는 활동에 참여하지 않는 건 휘게답지 않다고 생각하기 때문이다. 그들은 함께 보내는 시간만큼은 개인적인 문제들은 잠시 잊고, 되도록 유쾌한 태도로 의견 충돌을 피하려 한다. 함께 보내는 시간을 매우 가치 있게 생각하고, 모두에게 편안한 시간이 되길 바란다.

사실, 나의 문제에 대해 고민할 시간은 가족이 함께하는 시간이 아니더라도 충분하다. 행복이란 그런 복잡한 문제들을 잠시 접어둔 채 사랑하는 사람들과 함께 시간을 보낼 때 찾아온다. 덴마크 사람들에게 있어 사랑하는 사람들과 오붓하고 편안한 시간을 보내는 것은 인생의 최종 목표이며, 이러한 부모의 생각은 아이들에게도 고스란히 전달된다.

친밀한 타인과의 관계는 우리의 인생에 의미와 목적을 부여한다. 그렇기에 덴마크 사람들이 휘게의 가치를 높이 평가하는 것이다. 우리 모두는 각자 소중한 가치를 지녔지만 다른 사람과의 교류와 도움이 없다면 그 누구도 진정으로 행복한 삶을 살기 어렵다.

연대감에 관한 솔직한 현실

연대감은 미국인을 정의하는 대표적인 성향인 개인주의와는 상당히 다르다. 미국이라는 나라는 독립심을 기반으로 세워졌다. 내 힘으로 성공할 수 있다면 다른 사람의 도움은 굳이 필요하지 않다. 스스로 할 수 있는데 왜 굳이 도움을 받느냐는 것이다. 미국인은 개인의 업적과 자아실현을 '자수성가한 사람'으로 미화한다. 또 정치, 사회, 스포츠 등 각 분야에서 개인적인 성취를 이룬 영웅들을 우상화한다. 스포츠를 들여다보면 팀의 노력보다는 뛰어난 공격수와 투수, 타자들이 훨씬 더 주목받는데, 이런 스포츠 스타들은 다른 선수들보다 훨씬 밝게 빛나는 별인 것이다. 별이 밝게 빛날 수 있도록 도움을 준 많은 주변인은 그저 배경으로 흐릿하게 보일 뿐이며 아무도 그들을 신경 쓰지 않는다. 스타가 되기는 어렵지만, 그것이야말로 대중이 가장 원하는 것이기도 하다. 그런 이유로 미국인들은 가장 밝은 별, 즉 승자가 되라는 얘기를 들으며 자랐다.

세계적으로 유명한 문화심리학자 헤이르트 홉스테이더Geert Hofstede가 발표한 문화적 차이에 관한 연구 결과를 살펴보면, 미국인이 세계에서 가장 개인주의적인 성향을 가지고 있다는 것을 알 수 있다. 아주 인상적이다. 어쩌면 미국인은 항상 '나'를

먼저 생각하도록 세뇌되어서 스스로 인식하지 못하고 있는지
도 모른다.

미국이 공동체 의식이 없는 나라라고 단정 짓는 것이 아
니다. 단지 문화적 측면에서 볼 때 미국인은 다른 나라에 비해
조금 더 개인주의적인 경향을 바탕으로 성장했을 수도 있다는
의미다. 예를 들어 미국에서는 가족이 모이더라도 '우리'의 감
정보다는 '나'의 감정에 집중하는 것이 일반적이다. 미국인 가
족이 모일 때면 '우리'에 관한 이야기보다는 나만의 시간, 나의
관점, 나의 감정 등에 대한 이야기가 주를 이룬다.

게다가 미국인 대부분은 승자가 되기를 원한다고 표현해
도 무리가 없을 것이다. 아이가 언제나 승자가 되기를 바라고,
적어도 어떤 한 분야에서만큼은 최고가 되기를 기대한다. 사
실 이건 자연스러운 모습이다. 이기는 걸 싫어하는 사람이 있
을까? 요즘 들어 학교에서 갖가지 창의적이고 가끔은 말도 안
되는 상들을 만들어 아이들에게 수여하는 모습만 봐도 알 수
있다. 가장 재미있게 말하는 아이에게 주는 재치상, 웃는 게 예
쁜 아이를 위한 미소상, 줄넘기를 잘 하는 아이를 위한 줄넘기
선수상이라 해도 그런 상을 받아 인정받기 위해 끊임없이 노
력한다. 이러한 모습은 우리의 문화 속에 깊이 스며들어 있다.
만약 우리가 상을 주는 입장이라면 과연 우리 중 몇 명이나 가

장 협력한 아이에게 상을 줄까? 또 우리 중 몇 명이나 아이의 능력이 아니라 다른 아이들과 얼마나 협동했는지, 혹은 다른 아이를 얼마나 많이 도와주었는지로 평가할까?

나를 우리로 바꾸면 달라지는 일들

연대감과 휘게는 많은 의미를 함축하고 있지만, 기본적으로는 나보다 전체를 위하는 것이다. 함께하는 시간 동안만큼은 이 시간을 즐기기 위해 개인의 불만과 걱정, 욕구를 잠시 내려두는 휘게는 아이들에게 물려줄 만한 제법 근사한 경험이다. 아이들은 어른의 싸움, 비난, 갈등을 싫어한다. 당연한 말이지만 아이들은 함께 모여 보내는 오붓한 시간에 매우 행복해한다. 아이들이 '휘게' 하며 살아가는 법을 배우면 훗날 아이들의 자식들에게도 휘게가 전달될 것이다.

천국과 지옥의 차이를 극명하게 보여 주는 유명한 이야기가 하나 있다. 지옥에서 파티가 열렸다. 긴 식탁 위에는 값비싼 와인과 향초, 음식들이 차려져 있지만 분위기는 어쩐지 싸늘하다. 둘러앉은 사람들의 얼굴은 하얗게 질려있고 기운이 없으며, 방은 비명과 울음소리로 가득하다. 지옥의 사람들은 팔 대신 긴 막대기를 어깨에 달고 있는데, 그것 때문에 음식을 먹을 수가 없다. 입에 넣어 보려 해도 소용이 없다. 어마어마한 양의 귀하고 맛있는 음식들이 눈앞에 있지만 그림의 떡일 뿐이다.

천국에서도 파티가 열렸다. 천국의 긴 식탁에도 맛있는 음식들과 향초가 놓여 있는데, 둘러앉은 사람들의 모습은 매우 유쾌하고 즐거우며, 모두 흥겹게 노래하고 있다. 천국의 사람들은 따뜻하고 생기 넘치는 분위기 속에서 음식을 맛보고 와인을 즐기면서 서로 즐거운 대화를 나눈다. 지옥과 마찬가지로 이 곳의 사람들에게도 팔 대신 긴 막대기가 달려 있다. 하지만 다른 점은, 천국의 사람들은 음식을 스스로 먹으려 하지 않고 서로에게 먹여 준다는 점이다.

이 짧은 은유적인 이야기에서 알 수 있듯 '나'를 '우리'로 바꾸는 것만으로도 지옥은 천국이 될 수 있다.

덴마크에서의 팀워크

덴마크에서는 아이가 어릴 때부터 그룹 프로젝트에 참여시킨다. 서로를 돕고 협력하는 법을 배우게 하려는 것이다. 아이들은 친구들의 강점과 약점을 알게 되고 친구를 어떻게 도울 수 있을지 고민하며, 단순히 겉으로 드러나는 것만이 아니라 더 깊은 곳에 있는 것을 바라보는 경험을 하게 된다. 덴마크에서는 인기가 많은 학생에게 겸손과 다른 학생들에게 공감하고 도움을 주는 방법을 가르친다. 오로지 자기 자신에게만 관심을 갖는 것은 휘게의 방식이 아니다. 사실 덴마크 사람들은 세계적으로 함께 일하기 편하고 같이 일하고 싶은 사람으로 잘 알려져 있다. 이들은 아주 완벽한 팀 플레이어이기 때문이다. 이들은 타인이 문제를 스스로 해결할 수 있도록 도우며, 아무리 인기가 많아도 겸손함을 잃지 않는다. 겸손하고 인기 많은 사람을 싫어하는 사람이 과연 있을까?

사회단체 역시 덴마크식 생활 방식에 큰 부분을 차지한다. '포레닝스리브foreningsliv'는 공통된 취미나 관심사의 공유를 기반으로 한 단체로, 관심사, 취미, 정치적, 경제적, 연구적, 문화적인 목적으로 조직된다. 이 단체는 사회를 바꾸겠다는 목적을 가진 정치조직부터 합창단이나 게임 클럽처럼 회원들의 사회적 관계에 대한 욕구를 충족시키며 자기를 표현하려는 목적을 가진 모임까지 다양하게 구성된다. 통계에 따르면 덴마크 기업의 리더 중 약 79퍼센트가 서른 살 이전에 이미 이러한 단체에 소속되어 활발하게 참여한 적이 있다고 한다. 사교적인 활동에 참여한 적이 있는 기업의 중간 관리자층의 94퍼센트가 단체 활동을 통해 사교적인 기술이 향상되었고, 92퍼센트는 대인관계의 성장을 경험했으며, 88퍼센트는 단단한 인맥을 만드는 일에 도움이 되었다고 답했다. 덴마크의 정치인 중 99퍼센트가 이러한 사교 활동이 젊을 때 직업적인 능력을 향상하는 데에 도움이 된다고 생각한다.

덴마크 사람들의 협동 정신은 교실에서부터 회사, 가정에 이르기까지 일상 전반에서 흔히 찾아볼 수 있다. 가족을 하나의 팀으로 바라보는 것만으로도 아주 깊은 소속감을 가질 수 있다. 함께 요리하고, 함께 집을 청소하고, 서로의 말을 경청하면서 함께인 시간을 즐기는 것은 덴마크 사람들이 일상 속에서 실천하고 있는 '잘 사는' 방법이다.

노래와 휘게

덴마크 사람들이 휘게 분위기를 조성하는 가장 흥미로운 방법은 바로 노래다. 더 정확하게는 노래를 향한 덴마크인들의 사랑이다! 크리스마스나 생일, 세례식, 결혼식 등 노래를 부를 만한 분위기의 행사가 열리기만 하면 흔쾌히 노래를 부른다.

이들은 보통 어떤 행사를 위해 직접 노래 가사를 짓는다. 직접 만든 노래 가사는 대개 매우 유쾌하고 재미나서 함께 노래하는 동안 가사를 곱씹으며 한바탕 웃을 수 있다. 덴마크인이라면 누구나 알 만큼 유명한 노래 모음집인 <호이스콜레상보겐Højskolesangbogen>에서 노래를 고르기도 한다. 노래에 관한 덴마크의 전통은 중세 후기 귀족들이 즐기던 연회에서 유래되었지만, 시간이 흐르면서 전보다 다듬어지고 보편화되어 어디서든 쉽게 볼 수 있는 문화로 자리 잡았다.

옥스퍼드 브룩스 대학에서 근무하는 닉 스튜어트는 합창단원들을 대상으로 연구를 진행했다. 그는 사람들이 노래를 부를 때 큰 행복감은 물론 그룹의 일원으로서 의미 있는 역할을 담당한다고 느낀다는 사실을 발견했다. 함께 노래할 때 숨을 쉬는 것과 동시에 몸을 움직이는 행위를 통해 구성원들은 강한 유대감을 느꼈다. 또한 노래를 부르는 동안 합창단원들에게서 동일한 심박수가 나타나는 것을 발견했다. 함께 공연할 때 옥시토신이라는 호르몬의 분비량이 확연히 증가하는데, 이 호르몬은 행복감을 느끼게 하고 스트레스를 낮추는 역할을 한다. 함께 모여 노래하는 게 좀 우스워 보인다는 생각은 접어 두고 노래를 통해 서로 믿음을 가지고 더 끈끈해지기를 바란다.

사회적 유대감과 스트레스

덴마크 사람들의 낮은 스트레스 지수만이 연대감과 휘게로 유대감을 형성하는 것의 효과를 보여 주는 것은 아니다. 수많은 연구 결과가 이를 뒷받침한다. 브리검 영 대학과 채플 힐의 노스캐롤라이나 대학의 연구자들이 공동으로 148개의 자료를 바탕으로 사회적 관계와 건강 상태의 상관관계를 비교 분석했다. 소위 선진국에 속하는 국가에 거주하는 남녀 30만 명을 대상으로 진행한 연구 결과를 분석한 자료에 따르면, 사회적 관계가 상대적으로 활발하지 않은 경향의 사람들이 사회적 관계가 활발한 사람들보다 평균적으로 약 7.5년 일찍 사망할 확률이 50퍼센트라고 한다. 사회적 관계에 따른 수명의 차이가 흡연자와 비흡연자의 수명 차이만큼 크다고 하니 놀라지 않을 수 없다. 흔히 수명 단축의 원인으로 꼽히는 운동 부족과 비만 등 건강을 위협하는 생활 습관보다 느슨한 사회적 관계가 오히려 수명을 더 단축한다는 것이다.

카네기멜론 대학의 쉘든 코헨 교수는 사회적 유대감과 건강 사이의 관계에 관한 또 다른 연구를 시도했다. 수백 명의 건강한 연구 참가자들에게 현재 자신이 가진 사회적 관계에 대해 설문하고 감기 바이러스에 노출되게 한 후 며칠간 격리 조치

했다. 그 결과 평소 활발한 사회적 활동을 지속해 온 참가자들은 상대적으로 그렇지 않았던 참가자에 비해 감기 증상을 보이는 비율이 더 낮았다. 친구가 많은 참가자의 면역체계는 훨씬 단단하여 감기 바이러스와 잘 싸워냈고, 대부분 아무런 증상도 보이지 않았다. 스트레스 호르몬이 면역 반응에 영향을 미친다는 점으로 미루어 봤을 때 활발한 사회적 관계가 튼튼한 면역체계에 도움이 되며 심리적 스트레스를 조절할 수 있게 한다는 점을 알 수 있다.

시카고의 한 연구팀 또한 사회적 지지는 스트레스를 조절하는 데 도움이 된다는 사실을 입증했다. 힘든 상황이 닥쳤을 때 고민을 털어놓고 도움을 요청할 수 있는 사람이 있는 것만으로도 인생의 크고 작은 도전 앞에 맞설 힘이 생겨 쉽게 포기하지 않을 수 있다. 강한 회복력이 생기는 것이다.

어려운 상황에서 내게 도움을 줄 수 있다고 생각되는 사람에게 고민을 털어놓는 것은 현재 마주한 스트레스라는 짐을 더는 데 효과가 있다. 많은 사람이 절망적인 상황에서 강한 의지력을 발휘해 나약함을 이겨내고 혼자 모든 걸 감당하려 한다. 하지만 연구 결과에 따르면 혼자 이겨내려고 강한 모습을 보이는 사람은 힘든 상황과 감정을 주변인들과 공유하고 툭 털어놓는 사람보다 훨씬 더 오랜 시간 힘들어한다는 것을 알 수 있었다.

초보 엄마와 덴마크식 유대감

　이러한 공동체 의식의 진정한 효과는 육아라는 매우 새로운 환경과 임무에 적응해야 하는 굉장한 스트레스에 처한 초보 엄마들에게서 나타난다. 초보 엄마의 수많은 과제가 부족한 수면 문제와 동반되면 감당하기에 지나치게 벅차게 느껴질 수밖에 없다. 하지만 연구 결과에 따르면, 역설적이게도 초보 엄마들은 이토록 힘든 시기에도 주변인에게 도움을 청하기보다는 오히려 그 빈도를 줄이는 경향을 보인다고 한다. 이는 상황을 더욱 어렵게 만들 뿐이다. 친구나 가족, 부모, 모임으로부터 도움을 받는 것은 초보 엄마가 스트레스 상황을 잘 이겨내고 아이를 더욱 긍정적으로 바라볼 수 있는 여유를 가질 수 있게 한다. 또한 가족 모두의 삶의 질을 높이고, 특히 자라나는 아이에게 매우 긍정적인 영향을 준다. 부모가 주변에서 도움을 많이 받으면 받을수록 아이는 더 건강해지고 행복해진다는 의미다.

　덴마크에서는 여성이 출산하면 해당 지역의 도우미가 산모의 신상 정보를 확인하고, 출산 첫 주가 지나기 전에 연락해서 산모와 아기가 모두 건강하고 괜찮은지 확인한다. 그리고 같은 지역에 거주하는 비슷한 시기에 출산한 초보 부모들의 정보를 공유하게 하는데, 이름뿐만 아니라 태어난 아기가 첫째인지, 둘째인지까지 파악하여 서로 비슷한 상황의 이웃과 연결되도록 돕는다. 이러한 도움을 통해 초보 부모들이 일주일에 한 번씩 만나 육아 경험과 노하우를 공유하며 서로 의지한다. 서로에게 도우미가 되어 주는 것이다. 만약 한 엄마가 모임에 나오지 않으면 연락을 취해서 혹시나 무슨 문제가 생긴 것은 아닌지 안부를 확인한다. 덴마크 특유의 이러한 형태의 지역 모임은 육아의 가장 힘든 시기를 넘는 중인 초보 부모에게 든든한 지원군이 되어 엄마와 아기 모두가 행복하고 안정감을 느끼도록 돕는다.

휘게의 본질

지금까지 사회적 관계 맺기와 연대감, 휘게의 중요성에 관한 많은 이야기를 나누었다. 이어지는 이야기는 이러한 가치들의 진짜 의미를 깨닫는 계기가 되었던 제시카의 개인적인 경험에 대한 이야기다.

화창한 날이었다. 제시카는 아이들의 고모네 집 뒷마당에 있는 거대한 자두나무 아래에 설치한 해먹에 남편과 아이들과 함께 누워 있었다. 가족들은 해먹에 돌돌 말린 채 눈을 감기도 하며 편안하게 쉬었다. 제시카는 발로 땅을 구르면서 해먹을 적당히 흔들었다. 바람이 불자 나무는 살랑살랑 흔들리며 소리를 냈고, 나뭇잎 사이로 새어 나온 따스한 햇빛에 모두의 얼굴 위로 나뭇잎 그림자가 어른거렸다. 기분 좋은 촉감과 부드러운 자연의 소리, 어린 아들의 머리카락에서 느껴지는 포근한 향기가 완벽하게 어우러졌다. 나란히 누운 아들의 심장 박동 소리가 고스란히 들렸고, 서로 포개어진 남편의 다리에서는 온기가 전해졌다. 동시에 제시카는 딸의 작은 발을 꼭 쥐고 있었다. 가족 모두가 한 명도 빠짐없이 같은 공간에 함께 머물렀다.

"와, 모두가 다 같이 휘게를 즐기고 있네요."

점심을 먹으러 오라고 알려 주러 나온 고모가 건넨 말이었다. 제시카는 바로 그 순간이 결혼 후 처음으로 제대로 경험한 휘게라고 회상한다.

휘게는 삶의 방식인 동시에 감정이다. 휘게에는 혼란과 불안이 없다. 휘게는 인생에서 가장 중요하고 의미 있는 존재인

가족, 친구들과 함께 보내는 시간을 충분히 즐기며 그 시간을 존중하는 것이다. 휘게 특유의 긍정적이고 편안한 분위기 속에서 현실의 여러 고민을 잠시 잊을 수 있게 된다. 가족과 같은 공간에 머무르며 함께하는 그 시간을 즐기는 것이기도 하다. 대가족일수록 구성원 모두가 하나의 공통된 목표를 향해 나아가는 휘게가 마치 조별 과제처럼 더 어렵게 느껴질 수도 있다. 그러나 휘게는 개인적인 성향과 반대되는 의미이며 사람들로부터 거리를 두며 존재감 없이 살아가는 것과도 다르다.

모든 사람은 휘게를 바라고 존중해야 한다. 휘게는 가족 구성원 모두에게 각자의 역할을 준다. 가족들과 아늑한 시간을 갖기 위해 적극적으로 돕는다면 가족이 모인 공간의 분위기는 훨씬 더 친근하고 따뜻할 것이며, 결과적으로 건강하고 행복한 삶의 열쇠가 될 것이다.

연대감과 휘게를 위한 일상의 노력

1. 휘게를 약속하기

온 가족이 모였을 때 '나'보다는 함께 있는 순간에 집중하고 언쟁과 갈등이 일어나지 않도록 노력하겠다고 약속하자.(이 장의 마지막에서 휘게 서약을 확인할 수 있다.)

2. 함께 이 순간 즐기기

함께하는 사람 모두가 집 안에 들어선 순간부터 일상의 스트레스를 잊기 위해 노력해야 한다. 또 자신이나 다른 사람에게 일어난 부정적인 면에 지나치게 신경 쓰지 말자. 다른 사람을 부정적으로 보지 말고, 부정적으로 말하지도 말자. 모두가 함께하는 그 순간에 집중하고 즐기려 노력해야 한다. 집 안의 분위기를 생기 있고 유쾌하게 만들기 위해 노력하며 서로에 대한 비난은 금물이다. 아이들은 이러한 분위기 속에서 어른들의 행동을 따라 하며 안정감을 느낀다.

3. 나만의 새로운 관점을 미리 준비하기

가족과의 모임을 앞두고 있다면 그 전에 이 모임에 대한 마음 가짐을 준비할 필요가 있다. 세상이나 가족들에 대한 부정적 인 편견도 버리자. 모임에서 일어날 수 있는 일을 미리 예상해 보고 어떻게 하면 조금 더 차분한 분위기를 만들 수 있을지 고 민해 보자. 스트레스에서 해방된 가족 모임은 웰빙에 도움이 된다.

사실 우리는 가족 중 누군가와 함께 있는 동안 갈등을 경험 한다. 그걸 바꾸어 보자. 공감하고 새로운 관점으로 바라보는 시도를 통해 갈등을 해결해 본다.

4. 함께 즐거운 시간 보내기

온 가족이 한자리에 모여 모두가 함께 즐길 만한 놀이를 하 자. 내가 하고 싶은 게임은 제쳐 두고 함께하는 즐거움을 느껴 본다.

5. 아늑한 분위기 조성하기

따뜻한 조명과 함께 만든 음식, 음료, 장식을 활용해서 따뜻하고 안락한 분위기를 만들기 위해 다 같이 노력하자.

6. 불평은 잠시 접어 두기

불평하고 싶은 마음이 들 때면 차라리 이 문제를 해결하기 위해 당신이 도울 만한 일은 없는지 살펴보자. 함께 참여하고 돕는 경험을 통해 이전과는 확연히 다른 수준의 행복감을 경험하게 될 것이다.

7. 스트레스를 받을 때는 새로운 관점으로 바라보기

새로운 관점으로 바라보기는 아주 강력한 도구다. 일상의 모든 것은 새로운 관점으로 해석될 여지가 있다. 파이가 너무 눅눅해졌다면 어떻게 하면 좋을까? 숟가락으로 마구 퍼먹으면 간단하다! 축구를 하려 했는데 비가 쏟아진다면? 그럴 땐 다같이 모여 보드게임을 하면 문제 없다. 이미 벌어진 상황을 다른 관점으로 바라보는 모습을 보여 주는 것만으로도 아이들은 스트레스에 대처하는 힘을 기르게 된다.

8. 단순하게 살기

우리는 어른, 아이 할 것 없이 장난감을 너무 많이 가지고 있다. 그 탓에 정작 바람이 부는 소리나 나무가 흔들리는 소리를 듣지 못하고, 매일 아이가 보여 주는 재미나고 달콤한 모습에서 즐거움을 얻지 못하고 산다. 복잡함을 경계하자. 가장 기본적이고 가치 있는 것들에서 의미를 찾는 것이 진정한 휘게다. 단순하게 살자.

9. 지금에 집중하기

장난감, 텔레비전, 스마트폰, 아이패드는 잠시 내려놓자. 가족 모임에서 전자기기를 사용하는 시간을 최소한으로 줄이고 가족이 함께 할 수 있는 놀이를 즐기자.

10. 관계를 유지하기

함께 아늑한 시간을 보내는 방법을 배우고 실천하자. 함께 휘게를 배우면 아이들도 자연스럽게 이 방식을 다음 세대에 전하게 될 것이다. 결국 구성원 모두가 이전보다 훨씬 더 끈끈한 관계를 맺게 될 것이다.

11. 놀게 하기

아이가 언니, 오빠, 누나, 형들과 함께 스마트폰 속 세계가 아닌 '현실 세계'에서 놀게 하자. 아이에게 놀 거리를 주거나 밖에서 뛰어놀 수 있게 해 주고 가족이 모일 때는 되도록 스마트 기기를 사용하지 않는다. 그게 어렵다면 기기 사용 시간을 미리 정해 두는 것도 좋은 방법이다.

12. 단체 활동을 장려하기

팀 단위의 활동을 늘려서 아이들이 서로 협동하는 경험을 만들어 주자. 괴물 사냥하기, 요새 만들기, 축구 토너먼트처럼 말이다. 되도록 창의적인 방식으로 준비해 보자.

13. 서로 고민을 털어놓고 공유하기

만약 당신에게 요즘 힘든 일이 있다면 믿을 만한 주변 사람들에게 고민을 툭 털어놓아 보자. 고민을 공유하는 건 어려움을 좀 더 쉽게 이겨낼 수 있는 방법이다. 인생의 어려운 시기가 지나가고 나면 그 시기를 어떻게 버텨낼 수 있었는지, 누가 어떤 도움을 주었는지를 아이에게도 공유하자.

14. 엄마 모임 갖기

동네의 비슷한 처지에 있는 엄마들을 찾아 도움을 주고받을 수 있는 관계를 쌓자. 이런 모임을 만들어 서로 의지하고 돕는 것은 수시로 닥치는 육아의 어려움을 이겨내고 엄마의 역할을 해낼 수 있도록 돕는다. 게다가 아이를 더 긍정적으로 바라볼 수 있게 해 준다.

15. 가족은 하나의 팀이라는 점을 알려 주기

아이가 자기 한 사람이 아니라 가족이라는 팀에 초점을 맞추어 바라볼 수 있도록 돕자. 가족이 마주하는 일상의 다양한 활동과 과제들에서 아이들이 어떤 역할을 해낼 수 있는지 알려준다. 협동심과 유대감은 사람을 더 행복하게 만들고 안정감을 선물한다.

16. 매일 함께하는 시간을 갖기

휘게는 가족 모두가 모여야만 가능한 것이 아니다. 누구든 한두 명만으로도 충분하다. 주말이 되면 '휘게의 밤'을 선언하고 앞서 제안했던 활동들을 실천으로 옮겨 보자.

17. 노래하기

대뜸 노래를 부르자는 제안은 좀 이상하게 들릴 수 있겠지만 노래에는 분명한 힘이 있다! 노래는 매우 재미있으면서도 휘게 정신에 상당히 가깝다. 꼭 특별한 날에만 노래를 불러야 하는 건 아니다. 아이들은 누구나 노래를 좋아하고, 어른들도 반길 것이다.

휘게 서약

휘게란 특별한 연대감을 표현하는 덴마크 고유의 단어다. 휘게
를 우리 가족이 들어갈 수 있는 하나의 공간이라고 상상해 보자.
이 특별한 공간에서 가족 구성원 모두가 휘게를 이해하고 실천
한다면 분명 안락함으로 가득 차게 될 것이다.

휘게 서약은 미리 의논하고 생각해 두는 것을 추천한다. 가족과
함께 식사를 하기로 했든 바비큐 파티를 하든, 구성원들이 휘게
의 공간에 들어왔을 때 기본 원칙을 이해할 수 있도록 말이다.
참석한 모든 이들이 휘게를 즐기는 시간임을 인식하면 모두가
서로를 위해 노력할 것이다.

다음은 가족 휘게 서약의 예다. 이를 토대로 각 가정의 분위기에
따라 적절히 사용하면서 가족 간의 유대감이 싹트게 하자.

우리는 매주 일요일 저녁에 함께 모여 휘게를 즐기기로 동의한다. 우리는 한 팀이 되어 모든 가족 구성원이 서로 도우며 경계할 필요가 없는 아늑한 분위기를 만들기 위해 노력할 것을 약속한다. 우리는 다음을 서약한다.

· 스마트폰, 아이패드 전원 끄기

· 개인적인 고민은 잠시 잊기

각자에게는 개인적인 고민을 할 시간이 충분하다. 휘게는 아늑한 공간에서 다른 이들과 함께 쉬는 공간을 의미하기에 집 밖에서 가져온 스트레스는 잠시 접어 두자.

· 필요 없는 불만은 굳이 꺼내지 않기

· 한 명이 모든 일을 다 하지 않도록 서로 도울 방법 찾아보기

· 휘게 공간에는 촛불을 켜 두기

· 음식과 음료를 즐기기

· 정치와 같은 논란의 화두가 될 만한 주제에 대해서는 말하지 않기

다툼이나 언쟁을 일으킬 소지가 있는 것은 휘게와 거리가 멀다. 이런 논쟁 거리는 다른 시간에 언제든 나눌 수 있다.

· 유쾌하고 재밌었던 에피소드에 대해 이야기 나누기

· 지나친 자랑 피하기

과한 자랑은 미묘한 분열을 불러올 수 있다.

· 경쟁하지 않기(내가 아닌 우리를 먼저 생각하기)

· 다른 사람을 험담하거나 부정적으로 보지 않기

· 가족 모두가 함께할 수 있는 놀이하기

· 우리 가족을 사랑하는 주변 사람들에게 감사하는 마음을 갖기

(마치며)

다시 질문해 본다. 덴마크가 전 세계에서 가장 행복한 나라로 선정된 지 40년이 지났다. 무엇이 그들이 꾸준히 그 자리를 지킬 수 있게 만들었을까? 책에서 살펴보았듯 방법은 간단했다. 비결은 그들의 자녀 교육에 있었다. 덴마크 사람들의 육아 방식은 세대를 거듭해서 전해지는 유산이다. 아이가 자신감 있고 확신으로 가득 찬 행복하고 회복력 있는 성인으로 성장하도록 돕는 이 방식은 누구나 적용할 수 있다.

먼저 부모로서 타고난 '기본값'을 점검해 볼 필요가 있다. 기본값을 파악하면 변화가 필요한 부분이 어디인지 정확하게 알 수 있을 것이다. 자신을 들여다보고, 계속 반복되는 문제를 파악하는 것이야말로 긍정적인 변화와 효과적인 육아의 시작이다. 우리 각자가 가진 기본값을 파악했다면 'PARENT' 법칙을 적용해 보자. 아이와 부모 모두 더욱 행복해질 수 있는 효과적인 도구가 될 것이다.

· Play 놀이하기

놀이는 아이가 살아가는 데 필요한 많은 삶의 기술을 성장시킨다. 회복력, 대처 능력, 협상의 기술, 자기조절력 등은 놀이를 통해 배울 수 있는 수많은 교훈 중 일부에 불과하다. 또한 아이는 놀이를 통해 지나친 불안을 줄이는 스트레스 조절법도 배운다. 놀이는 아이가 스스로 문제를 해결할 수 있다고 믿는 내면의 힘을 길러 주어 행복한 삶의 기반을 단단히 다지도록 돕는다.

· Authenticity 진심으로 대하기

진정성은 아이들이 자신의 감정을 신뢰하고 마음속에 강력한 나침반을 가지도록 이끈다. 아이에게 정직이라는 미덕을 가르치는 것은 아이의 인격적 가치를 키우는 좋은 방법이다. 어떠한 감정이든 모두 괜찮은 것이라는 점을 명심하자. 아이가 받는 다양한 칭찬들은 아이가 세상 속에서 자기 자신을 바라보는 시각에 각각 다른 영향을 미친다. 영혼 없는 칭찬을 반복하거나 얼마나 똑똑한지에만 초점을 맞추어 칭찬하면 아이는 불안정해지고 도전을 겁낼 수도 있다. 아이가 성취해 나가는 과정을 칭찬하면 아이는 고정형 사고방식이 아닌 성장형 사고방식을 가지게 되어 높은 자존감, 근성, 회복력이 있는 사람으로 성장할 수 있다.

· Reframe 새롭게 바라보기

새로운 관점으로 바라보는 것은 나와 아이가 가지고 있는 세상에 대한 인식을 바꾸는 효과적인 방법이다. 사물이나 사건을 바라보는 방법은 생각하는 방식에 영향을 미치기 때문이다.

현실적 낙관주의자는 부정적인 정보를 무시하는 게 아니다. 단지 삶과 아이들, 그리고 자신의 더 좋은 면을 보려고 노력한다. 새로운 관점으로 바라보는 방식은 나와 아이 모두의 인생을 더 행복하게 만든다. 이러한 재해석의 기술을 아이에게 전수해 주는 건 어쩌면 부모인 우리가 줄 수 있는 가장 큰 선물이 될 수 있다. 아이는 더욱 행복해질 것이며 이 방식은 다음 세대에게 전달될 것이다.

· Empathy 공감하기

공감은 필수적이고 기본적인 인간의 성향이다. 우리 사회에서 공감지수는 점점 낮아지고 나르시시즘은 증가하고 있다. 하지만 연구 결과를 보면 사람은 이기심보다는 공감과 더욱 밀접한 연관이 있다는 사실을 알 수 있다. 다른 사람을 평가하거나 깎아내리지 않으면 우리와 다른 사람들의 연약한 점을 한층 더 잘 이해할 수 있게 된다. 그로써 친밀하고 너그러우며 깊은 관계를 맺을 수 있고, 삶은 더욱 행복해질 것이다. 공감 연습을 통해 아이 또한 나와 다른 사람을 존중하는 법을 알게 된다.

· No Ultimatum 마지막 경고 멈추기

아이에게 되도록 마지막 경고만은 하지 않으려고 노력하다 보면 한 가지 사실을 다시금 깨닫게 된다. 아이와의 힘겨루기가 결국 화를 내고 이성을 잃게 만들 수도 있다는 점이다. 많은 부모가 양육의 한 방법으로 아이에게 소리를 지르거나 체벌을 사용한다. 부모도 스스로를 제어하지 못하면서 아이에게는 제어하라고 하는 것이다.

권위주의적 성향을 가진 부모와 아이 사이에는 친밀함과 신뢰가 아닌 공포가 존재한다. 단기적으로는 효과가 있을지 모르지만 길게 보면 부작용에서 자유롭기 어렵다. 덴마크 사람들의 민주적인 양육 방식은 부모와 아이 간 신뢰를 쌓고 아이의 회복력을 키워 준다. 부모로부터 의견을 존중받고 이해받고 있다고 느끼면서, 동시에 규칙을 잘 이해할 수 있도록 부모의 적절한 도움을 받은 아이들은 자기조절력이 뛰어나고, 정서적으로 안정된 행복한 어른으로 성장한다.

· Togetherness and Hygge 연대감과 휘게

연대감과 휘게는 사람의 행복과 관련된 가장 대표적인 지표 중 하나인 친밀한 관계를 만드는 방법이다. 휘게를 즐기는 방법, 또는 함께 모여 앉아 아늑한 분위기를 만드는 방법을 배우고 나면, 아이에게 가족 모임은 즐겁고 기억에 남는 경험이 된다. '나'보다는 '우리'에 집중하면 필요하지 않은 고민을 접어 둘 수 있고, 부정적인 생각도 잊을 수 있게 된다. 행복한 가족과 단단한 사회적 지지는 행복한 아이들을 길러 낸다.

앞서 이야기했듯 이 책에서 다루는 개념들이 이미 익숙할 수도 있고 낯설 수도 있다. 이미 덴마크 교육법을 실천해 봤을 수도 있고 전혀 그렇지 않을 수도 있다. 책에 나온 방법이나 실천을 위한 조언 중 몇 가지만이라도 실제 생활에 적용해 본다면 행복한 아이로 키우는 제대로 된 길에 진입할 수 있을 거라 믿는다. 덴마크 육아법에 대한 더 많은 정보는 www.thedanishway.com에서 얻을 수 있다. 이 사이트에서는 육아에 도움이 될 만한 각종 조언과 추천 도서, PARENT 법칙에 관한 더 많은 정보를 제공하고 있다.

교사와 부모가 협력하여 덴마크식 교육법을 도입한다면 행복하고 회복력 있는 아이로 키울 수 있을 것이다. 우리는 누구나 도움이 필요하다. 덴마크 교육법을 실천하겠다는 목표를 가지고 공동체를 만든다면 우리는 먼 곳이 아닌 바로 이 곳에서도 세상에서 가장 행복한 아이로 키울 수 있다. 당신도 이 여정에 함께하기를 기대한다.

참고자료

서문_ 덴마크 사람들은 왜 행복할까?

· www.cbsnews.com/news/and-the-happiest-place-on-earth-is/.
· www.earth.columbia.edu/articles/view/2960
· www.OECD.org.
· www.oprah.com/world/Inside-the-Lives-of-Women-Around-the-World.

1장_ 부모인 나의 '기본값'에 관하여

· National Center for Health Statistics. http://www.cdc.gov/nchs/data/
  databriefs/db76.htm.
· Sara Harkness and Charles M. Super, "Themes and Variations: Parental
  Ethnotheories in Western Cultures," in *Parental Beliefs, Parenting, and Child
  Development in Cross-Cultural Perspective,* ed. K. Rubin and O. B. Chung (London: Psychology Press, 2013).

· www.boernogunge.dk/internet/boernogunge.nsf/0/7F933F-
  515B65A7B3C1256C64002D2029?opendocument.

- www.cdc.gov/ncbddd/adhd/data.html/.
- www.cdc.gov/nchs/fastats/adhd.htm.

2장_아이의 놀이를 바라보는 법

- Andreas Abildlund, "Children Can Play Their Way to More Learning in School," *ScienceNordic,* June 23, 2014, http://sciencenordic.com/children-can-play-their-way-more-learning-school.
- David H. Barlow, *Anxiety and Its Disorders: The Nature and Treatment of Anxiety and Panic,* 2nd ed. (New York: Guilford Press, 2002).
- Eva Johansson and Ingrid Samuelsson, *Lærerig leg—børnslæring gennem samspil* (Frederikshavn: Dafolo, 2011).
- Gary Stix, "The Neuroscience of True Grit," *Scientific American Mind,* March 1, 2011.
- H. C. Broccard-Bell, S. M. Pellis, and B. Kolb, "Juvenile Peer Play Experience and the Development of the Orbitofrontal and Medial Prefrontal Cortex," *Behavioural Brain Research 207,* no. 1 (2010): 7–13.
- Hans Henrik Knoop, *Play, Learning, and Creativity: Why Happy Children Are Better Learners* (Copenhagen: Aschehoug, 2002).
- Ho Cheung William Li and Oi Kwan Joyce Chung, "The Relationship Between Children's Locus of Control and Their Anticipatory Anxiety," *Public Health Nursing 26,* no. 2 (2009): 153–60.
- I. Saunders, M. Sayer, and A. Goodale, "The Relationship Between Playfulness and Coping Skills in Preschool Children: A Pilot Study," *American Journal of Occupational Therapy 53,* no. 2 (1999): 221–6.
- Jean M. Twenge, Liqing Zhang, and Charles Im, "It's Beyond My Control:

A Cross-Temporal Meta-analysis of Increasing Externality in Locus of Control, 1960–2002," *Personality and Social Psychology Review 8,* no. 3 (2004): 308–19.

· Jennifer Freeman, David Epston, and Dean Lobovits, *Playful Approaches to Serious Problems* (New York: W. W. Norton & Company, 1997).

· L. M. Hess and A. C. Bundy, "The Association Between Playfulness and Coping in Adolescents," *Physical and Occupational Therapy in Pediatrics 23,* no. 2 (2003): 5–17.

· Leif Strandberg, *Vygotskiji praksis* (Copenhagen: Akademisk Forlag, 2009).

· Lev Vygotsky, "The Role of Play in Development," in *Mind in Society: The Development of Higher Psychological Processes,* ed. Michael Cole, Vera John-Steiner, Sylvia Scribner, and Ellen Souberman (Cambridge, MA: Harvard University Press, 1978): 92–104.

· M. S. Larsen, B. Jensen, I. Johansson, T. Moser, N. Ploug, and D. Kousholt, *Forskningskortlægning ogforskervurdering af skandinavisk forskning i aret 2009 i institutioner for de0-6arige (forskolen)* (Research mapping and research assessment of Scandinavian research in 2009 in institutions for 0-to6-year-olds[preschool]) (Copenhagen: Clearinghouse for Uddannelsesforskning,2011), number 07, http://www.eva.dk/dagtilbud/bakspejlet/forskningskortlaegning-2009.

· Marek Spinka, Ruth C. Newberry, and Marc Bekoff, "Mammalian Play: Training for the Unexpected," *Quarterly Review of Biolog y 76,* no. 2 (2001): 141–68.

· Michael White, *Kort over Narrative Landskaber* (Maps of Narrative Practice) (Copenhagen: Hans Reitzels Forlag, 2008).

· Peter Gray, a research professor of psychology at Boston College. http://www.bc.edu/offices/pubaf/news/2011_jun-aug/petergray_free-play08252011.html.

- Peter LaFreniere, "Evolutionary Functions of Social Play: Life Histories, Sex Differences, and Emotion Regulation," *American Journal of Play 3,* no. 4 (2011): 464–88.
- S. M. Pellis and V. C. Pellis, "Rough-and-Tumble Play: Training and Using the Social Brain," in *The Oxford Handbook of the Development of Play,* ed. Peter Nathan and Anthony D. Pellegrini (Oxford, UK: Oxford University Press, 2011), 245–59.
- S. M. Pellis, V. C. Pellis, and H. C. Bell, "The Function of Play in the Development of the Social Brain," *American Journal of Play 2,* no. 3 (2010): 278–96.
- Silvia Helena Cardoso and Renato M. E. Sabbatini, "Learning and Changes in the Brain," 1997, http://lecerveau.mcgill.ca/flash/capsules/articles_pdf/changes_brain.pdf.
- Stig Brostrom, "Børns Lærerige Leg," *Psyke & Logos 23* (2002): 451–69.
- *Wikipedia,* s.v. "locus of control," last modified February 11, 2016, http://en.wikipedia.org/wiki/Locus_of_control.

- www.aap.org/en-us/about-the-aap/aap-press-room/Pages/Babies-and-Toddlers-Should-Learn-from-Play-Not-Screens.aspx.
- www.bupl.dk/iwfile/BALG-8RQDV8/$file/EnPaedagogiskHistorie.pdf.
- www.heyquitpushing.com/why-sooner-inst-better.html.
- www.kompan.dk.
- www.legepatruljen.dk.
- www.visitdenmark.dk/da/danmark/design/lego-et-dansk-verdensbrand.

3장_진심으로 대하기

· Arthur C. Brooks, "Love People, Not Pleasure," *New York Times,* July 18, 2014, http://www.nytimes.com/2014/07/20/opinion/sunday/arthur-c-brooks-love-people-not-pleasure.html?_r=1.

· Article about humility and ethics in Denmark by Jacob Birkler, "Ydmyghed er en sand dyd," etik.dk, August 15, 2011, www.etik.dk/klummen-etisk-set/ydmyghed-er-en-sand-dyd.

· C. M. Mueller and C. S. Dweck, "Intelligence Praise Can Undermine Motivation and Performance," *Journal of Personality and Social Psychology 75*, no. 1 (1998): 33–52.

· C. S. Dweck, *Mindset: The New Psychology of Success* (New York, Random House, 2006).

· C. S. Dweck, *Self-Theories: Their Role in Motivation, Personality, and Development* (Philadelphia: Taylor and Francis/Psychology Press, 1999).

· Elizabeth L. Cohen, "TV So Good It Hurts: The Psychology of Watching *Breaking Bad,*" *Scientific American,* September 29, 2013, http://blogs.scientificamerican.com/guest-blog/2013/09/29/tv-so-good-it-hurts-the-psychology-of-watching-breaking-bad/.

· Janet Rae-Dupree, "If You're Open to Growth, You Tend to Grow," *New York Times,* July 6, 2008, http://www.nytimes.com/2008/07/06/business/06unbox.html?_r=0.

· Janne Østergaard Hagelquist and Marianne Køhler Skov, *Mentalisering i pædagogik og terapi* (Latvia: Hans Reitzels Forlag, 2014).

· K. A. Ericsson, N. Charness, P. J. Feltovich, and R. R. Hoffman, eds., *The Cambridge Handbook of Expertise and Expert Performance* (New York: Cambridge University Press, 2006).

· L. S. Blackwell, K. H. Trzesniewski, and C. S. Dweck, "Implicit Theories of Intelligence Predict Achievement Across an Adolescent Transition: A Longitudinal Study and an Intervention," *Child Development 78*, no. 1 (2007): 246–63.

· M. B. Oliver and A. A. Raney, "Entertainment as Pleasurable and Meaningful: Differentiating Hedonic and Eudaimonic Motivations for Entertainment Consumption," *Journal of Communication 61*, no. 5 (2011): 984–1004.

· N. Doidge, *The Brain That Changes Itself: Stories of Personal Triumph from the Frontiers of Brain Science* (New York: Viking, 2007).

· S. Knobloch-Westerwick, Y. Gong, H. Hagner, and L. Kerbeykian, "Tragedy Viewers Count Their Blessings: Feeling Low on Fiction Leads to Feeling High on Life," *Communication Research 40*, no. 6 (2013): 747–66.

· en.wikipedia.org/wiki/The_Little_Mermaid.
· www.psykiatrifonden.dk.

4장_ 새로운 관점으로 바라보기

· A. T. Beck and G. Emery, *Anxiety Disorders and Phobias: A Cognitive Perspective* (New York: Basic Books, 1985).

· Alice Morgan, *Narrative samtaler* (What is narrative therapy?) (Copenhagen: Hans Reitzels Forlag, 2005).

· Anette Prehn, "The Neuroscience of Reframing & How to Do It," Udemy video, 10:48, https://www.udemy.com/the-neuroscience-of-reframing-and-how-to-do-it/.

· Angry faces. G. Sheppes, S. Scheibe, G. Suri, P. Radu, J. Blechert, and J. J. Gross, "Emotion Regulation Choice: A Conceptual Framework and Supporting Evidence," *Journal of Experimental Psychology 143*, no. 1 (2014): 163–81.

· Annette Holmgren, *Fra terapi til pædagogik: En brugsbog i narrativ praksis* (Copenhagen: Hans Reitzels Forlag, 2010).

· Diane Coutu, "How Resilience Works," *Harvard Business Review,* May 2002.

· Jerome Bruner, *Mening i handling* (Acts of Meaning) (Arhus: Forlaget Klim, 1999).

· Michael White and Alice Morgan, *Narrativ terapi med børn og deres familier* (Narrative therapy with children and their families) (Copenhagen: Akademisk Forlag, 2007).

· Michael White, *Narrativ teori* (The narrative perspective in therapy, 1995). (Copenhagen: Hans Reitzels Forlag, 2006), 143.

· Spiders and snakes. A. A. Shurick, J. R. Hamilton, L. T. Harris, A. K. Roy, J. J. Gross, and E. A. Phelps, "Durable Effects of Cognitive Restructuring on Conditioned Fear," *Emotion 12*, no. 6 (2012): 1393–7.

· Svend Aage Rasmussen, *Det fjendtlige sprog—Refleksionerover udviklinger i psykiatrien* (Copenhagen: Universitetsforlaget, Fokus, 2003), 229–45.

· T. D. Borkovec and M. A. Whisman, "Psychosocial Treatment for Generalized Anxiety Disorder," in M. Mavissakalian and R. Prien, eds., *Anxiety Disorders: Psychological and Pharmacological Treatments* (in press) (Washington, DC: American Psychiatric Press).

· White, *Narrativ teori* (The narrative perspective in therapy). (Copenhagen: Hans Reitzels Forlag, 2006).

5장_공감하는 부모

· Annie Murphy Paul, "The Protege Effect," *Time,* November 30, 2011, http://ideas.time.com/2011/11/30/the-protege-effect/.

· Ashoka, "Why Empathy Is the Force That Moves Business Forward," *Forbes*, May 30, 2013, http://www.forbes.com/sites/ashoka/2013/05/30/why-empathy-is-the-force-that-moves-business-forward/.

· Brene Brown, "The Power of Vulnerability," filmed June 2010, TED video, 20:19, https://www.ted.com/talks/brene_brown_on_vulnerability.

· Daniel Siegel, Center for Building a Culture of Empathy. http://cultureofempathy.com/References/Experts/Daniel-Siegel.htm.

· F. Warneken and M. Tomasello, "Altruistic Helping in Human Infants and Young Chimpanzees," *Science 311*, no. 5765 (2006): 1301–3.

· Frans de Waal, "Moral Behavior in Animals," filmed November 2011, TED video, 16:52, http://www.ted.com/talks/frans_de_waal_do_animals_have_morals.

· Frans de Waal, *The Age of Empathy: Nature's Lessons for a Kinder Society* (New York: Harmony Books, 2009).

· Greg Ross, "An Interview with Frans de Waal," *American Scientist,* http://www.americanscientist.org/bookshelf/pub/an-interview-with-frans-de-waal.

· J. M. Twenge and W. K. Campbell, *The Narcissism Epidemic: Living in the Age of Entitlement* (New York: Free Press, 2009).

· Jean M. Twenge and Joshua D. Foster, "Birth Cohort Increases in Narcissistic Personality Traits Among American College Students, 1982–2009," *Social Psychological and Personality Science 1*, no. 1 (2010): 99–106.

· Jean M. Twenge, S. Konrath, J. D. Foster, W. K. Campbell, and B. J. Bushman, "Egos Inflating over Time: A Cross-Temporal Meta-analysis of the Narcissistic Personality Inventory," *Journal of Personality 76*, no. 4 (2008): 875–902.

· Jesper Juul, *Din kompetente familie* (Copenhagen: Forlaget Aprostof, 2008).

· Lynn E. O'Connor, "Forgiveness: When and Why Do We Forgive," *Our Empathic Nature (blog), Psychology Today*, May 21, 2012, http://www.psychologytoday.com/blog/our-empathic-nature/201205/forgiveness-when-and-why-do-we-forgive.

· Maia Szalavitz, "Is Human Nature Fundamentally Selfish or Altruistic?" *Time*, October 2012, http://healthland.time.com/2012/10/08/is-human-nature-fundamentally-selfish-or-altruistic/.

· Matthew D. Lieberman, *Social: Why Our Brains Are Wired to Connect* (New York: Crown, 2013).

· Matthew Lieberman, Ph.D. at TEDxStLouis," YouTube video, 17:58, posted by "TEDx Talks," October 7, 2013, https://www.youtube.com/watch?v=NNhk3owF7RQ&feature=kp.

· Nathalia Gjersoe, "The Moral Life of Babies," *Guardian,* October 12, 2013, http://www.theguardian.com/science/2013/oct/12/babies-moral-life.

· Peter Gray, "Why Is Narcissism Increasing Among Young Americans?" *Psychology Today,* January 16, 2014, http://www.psychologytoday.com/blog/freedom-learn/201401/why-is-narcissism-increasing-among-young-americans.

· R. Mar, J. Tackett, and C. Moore, "Exposure to Media and Theory-of-Mind Development in Preschoolers," *Cognitive Development 25*, no. 1 (2010): 69–78.

· Rachel Sullivan, "Helicopter Parenting Causes Anxious Kids," ABC Science, August 20, 2012, http://www.abc.net.au/science/articles/2012/08/20/3570084.htm.

· Robin Marantz Henig, "Linked In: 'Social,' by Matthew D. Lieberman," *New York Times*, November 1, 2013, http://www.nytimes.com/2013/11/03/books/review/social-by-matthew-d-lieberman.html?_r=1.

· S. Konrath, E. O'Brien, and C. Hsing, "Changes in Dispositional Empathy in American College Students over Time: A Meta-analysis," *Personality and Social Psychology Review 15*, no. 2 (2011): 180–98.

· spf-nyheder.dk/download/om_cesel.pdf.

· Sue Gerhardt, *Why Love Matters: How Affection Shapes a Baby's Brain* (New York: Routledge, 2004), 264.

· Susan Hart and Ida Møller, "Udviklingsforstyrrelser hos Børn Belyst Udfra det Dynamiske Samspil Mellem Neuropsykologiske og Udviklingspsykologiske Faktorer" (2001), www.neuroaffect.dk/Artikler_pdf/kas2.pdf.

· Tal Ben-Shahar, "Five Steps for Being Happier Today," Big Think video, 1:46, 2011, http://bigthink.com/users/talbenshahar.

· Ugo Uche, "Are Empathetic Teenagers More Likely to Be Intentionally Successful?" *Psychology Today*, May 3, 2010, http://www.psychologytoday.com/blog/promoting-empathy-your-teen/201005/are-empathetic-teenagers-more-likely-be-intentionally.

· Y. Zheng, I. D. Wilkinson, S. A. Spence, J. F. Deakin, N. Tarrier, P. D. Griffiths, and P. W. Woodruff, "Investigating the Functional Anatomy of Empathy and Forgiveness," *Neuroreport 12*, no. 11 (2001): 2433–8.

- http://dcum.dk/boernemiljoe/sprog.
- www.cat-kit.com/?lan=en&area=catbox&page=catbox.
- www.eva.mpg.de/psycho/videos/children_cabinet.mpg.
- www.family-lab.com/about/jesper-juul-articles/item/empati-3.
- www.family-lab.com/about/jesper-juul-articles/item/empati-3.
- www.jesperjuul.com.
- www.kristeligt-dagblad.dk/debat/fasthold-den-etiske-fodring-fortællinger-udvikler-børns-empati.
- www.kristeligt-dagblad.dk/liv-sjæl/i-begyndelsen-er-tilliden.
- www.maryfonden.dk/en.
- www.voresborn.dk/barn-3-8/psykologi-og-udvikling/4254-laer-dit-barn-at-vaere-god-mod-andre.
- www.youtube.com/watch?v=XIzTdXdhU0w.

6장_훈육의 기술

- A. Fletcher, L. Steinberg, and E. Sellers, "Adolescents' Well-Being as a Function of Perceived Interparental Consistency," *Journal of Marriage and the Family 61,* no. 3 (1999): 599–610.
- A. Tomoda, H. Suzuki, K. Rabi, Y. S. Sheu, A. Polcari, and M. H. Teicher, "Reduced Prefrontal Cortical Gray Matter Volume in Young Adults Exposed to Harsh Corporal Punishment," *Neuro Image 47,* suppl. 2 (2009): T66–71.
- Bonnie Rochman, "The First Real-Time Study of Parents Spanking Their Kids," *Time,* June 28, 2011, http://healthland.time.com/2011/06/28/would-you-record-yourself-spanking-your-kids/.

· D. Baumrind, "Current Patterns of Parental Authority," *Developmental Psychology Monographs 4*, no. 1, pt. 2 (1971): 1–103.

· D. E. Bednar and T. D. Fisher, "Peer Referencing in Adolescent Decision Making as a Function of Perceived Parenting Style," *Adolescence 38*, no. 152 (2003): 607–21.

· E. E. Wener and R. S. Smith, *Vulnerable but Invincible: A Longitudinal Study of Resilient Children and Youth* (New York: Mc-Graw-Hill, 1982).

· Harriet L. MacMillan, Michael H. Boyle, Maria Y.-Y. Wong, Eric K. Duku, Jan E. Fleming, and Christine A. Walsh, "Slapping and Spanking in Childhood and Its Association with Lifetime Prevalence of Psychiatric Disorders in a General Population Sample," *Canadian Medical Association Journal 161*, no. 7 (1999).

· K. M. Lubell, T. C. Lofton, and H. H. Singer, *Promoting Healthy Parenting Practices Across Cultural Groups: A CDC Research Brief* (Atlanta: Centers for Disease Control and Prevention, National Center for Injury Prevention and Control, 2008).

· Karen Schrock, "Should Parents Spank Their Kids?" *Scientific American*, January 1, 2010, http://www.scientificamerican.com/article/to-spank-or-not-to-spank/.

· Lubell, Lofton, and Singer, *Promoting Healthy Parenting Practices*. www.education.com/reference/article/parenting-styles-2/.

· Robert B. Ewen, *An Introduction to Theories of Personality, 6th ed.* (Mahwah, NJ: Lawrence Erlbaum Associates, 2003).

· T. O. Afifi, N. P. Mota, P. Dasiewicz, H. L. MacMillan, and J. Sareen, "Physical Punishment and Mental Disorders: Results from a Nationally Representative US Sample," *Pediatrics 130*, no. 2 (2012): 184–92.

· *Wikipedia*, s.v. "corporal punishment in the home," last modified February

11, 2016, http://en.wikipedia.org/wiki/Corporal_punishment_in_the_home.

· *Wikipedia*, s.v. "school corporal punishment," last modified February 13, 2016, http://en.wikipedia.org/wiki/School_corporal_punishment.

· www.ahaparenting.com/parenting-tools/positive-discipline/strict-parenting.

· www.dlf.org/media/97473/UroISkolen2.pdf.

· www.familierum.dk/forside/category/dimse.

· www.podconsult.dk/inklusiononline/flyers/sidderedskaber%202.pdf.

· www.protac.dk/ball_cushion.aspx?ID=120.

7장_연대감과 휘게

· Ben-Shahar, "Five Steps." www.rustonline.dk/2013/12/12/hygge-i-et-seriost-lys/.

· Eric Barker, "6 Secrets You Can Learn from the Happiest People on Earth," *Time,* March 7, 2014, http://time.com/14296/6-secrets-you-can-learn-from-the-happiest-people-on-earth/.

· Geert Hofstede, *Culture's Consequences: Comparing Values, Behaviors, Institutions, and Organizations Across Nations,* 2nd ed. (Thousand Oaks, CA: Sage Publications, 2001).

· Geert Hofstede, *Cultures and Organizations: Software of the Mind* (New York: McGraw-Hill, 1997).

· Hayley Dixon, "Choir Singing 'Boosts Your Mental Health,' " *Telegraph,* December 4, 2013, http://www.telegraph.co.uk/health/healthnews/10496056/Choir-singing-boosts-your-mental-health.html.

· J. Holt-Lunstad, T. B. Smith, and J. B. Layton, "Social Relationships and Mortality Risk: A Meta-analytic Review," *PLoS Medicine 7*, no. 7 (2010): e1000316.

· P. A. Andersen and S. L. Telleen, "The Relationship Between Social Support and Maternal Behaviors and Attitudes: A Meta-analytic Review," *American Journal of Community Psychology 20*, no. 6 (1992): 753–74.

· S. Cohen, W. J. Doyle, R. B. Turner, C. M. Alper, and D. P. Skoner, "Sociability and Susceptibility to the Common Cold," *Psychological Science 14*, no. 5 (2003): 389–95.

· S. D. Pressman, S. Cohen, G. E. Miller, A. Barkin, B. S. Rabin, and J. J. Treanor, "Loneliness, Social Network Size, and Immune Response to Influenza Vaccination in College Freshmen," *Health Psychology 24*, no. 3 (2005): 297–306.

· S. Joseph, T. Dalgleish, S. Thrasher, and W. Yule, "Crisis Support and Emotional Reactions Following Trauma," *Crisis Intervention & Time-Limited Treatment 1*, no. 3 (1995): 203–8.

· SearchQuotes, s.v. "Sushan R Sharma quotes & sayings," http://www.searchquotes.com/quotes/author/Sushan_R_Sharma/5/.

· *Wikipedia*, s.v. "allegory of the long spoons," last modified September 25, 2015, http://en.wikipedia.org/wiki/Allegory_of_the_long_spoons.

· www.duf.dk.

· www.information.dk/455623.

· www.kristeligt-dagblad.dk/danmark/2014-06-21/den-danske-sang-skat-er-artiets-bogsucces.

우리 아이, 어떻게 사랑해야 할까
세상에서 가장 행복한 아이로 키우는 덴마크식 자녀 교육

1판 1쇄 펴냄 | 2021년 9월 1일

지은이 | 제시카 조엘 알렉산더·이벤 디싱 산달
옮긴이 | 이은경
발행인 | 김병준
편   집 | 김서영
디자인 | 최초아
마케팅 | 정현우·차현지
발행처 | 상상아카데미

등록 | 2010. 3. 11. 제313-2010-77호
주소 | 서울시 마포구 독막로6길 11, 우대빌딩 2, 3층
전화 | 02-6925-4185(편집), 02-6925-4188(영업)
팩스 | 02-6925-4182
전자우편 | main@sangsangaca.com
홈페이지 | http://sangsangaca.com

ISBN 979-11-85402-39-0   03370